LES QUESTIONS D'ARGENT

L'ASSURANCE

PAR

EDMOND ABOUT

PARIS

LIBRAIRIE DE L. HACHETTE ET C⁰

77, BOULEVARD SAINT-GERMAIN

1865

IMPRIMERIE L. TOINON ET Cᵉ, A SAINT-GERMAIN

PRÉFACE

DE L'ÉDITEUR

Je venais de lire le *Progrès*[1] et j'en étais encore tout émerveillé, lorsque l'idée me vint de
signaler à l'auteur une institution qui me sem-
blait digne entre toutes de figurer dans son
cadre, car elle est profondément morale et civi-
lisatrice, et sa cause est aussi celle du Progrès.

Vous êtes, lui dis-je, de ces témoins qu'on
ne récuse pas : venez, voyez et dites tout haut
ce que vous aurez vu ; le chemin est plus d'à
moitié fait, car, pour qui sait lire entre les

[1]. Par Edmond About — Paris — 1865 — Hachette.

lignes, l'idée d'assurance apparaît à chaque page dans votre livre. Vous ajouterez un bienfait de plus aux nombreux bienfaits dont il sera la source; d'ailleurs, n'avez-vous pas promis de montrer des progrès à réaliser ? Je me trompe fort, ou le triomphe définitif des assurances sur la vie en France figurera parmi les plus grands progrès qui aient été accomplis de notre temps. Vous avez l'oreille du public; vous n'avez qu'à parler, et la foule vous suit : venez, et le désert où nous prêchons se peuplera. Celui qui convertit un père de famille à l'assurance doit éprouver la satisfaction d'avoir fait une bonne action. Au lieu d'individus isolés, vous convertirez des légions : autant de recrues pour la grande armée du Progrès.

Il s'agissait d'une bonne cause à défendre : M. Edmond About ne se fit pas prier, seulement, au lieu d'un chapitre, il en donna dix : telle est l'origine du livre qu'on va lire.

Il faut avoir éprouvé quelles difficultés on rencontre à faire prévaloir l'idée même la plus juste, la plus morale, la plus utile; il faut savoir dans quel état de stagnation l'ignorance, les préjugés, la routine avaient plongé les assurances sur la vie en France, pour se rendre compte de l'immense service que ce livre est appelé à rendre.

M. About s'est emparé de la question au nom du bon sens; il l'a posée sur un terrain où il ne reste plus de place aux préjugés. Bref, il a fait passer les assurances sur la vie dans le domaine des choses *qu'il n'est plus permis d'ignorer*. Voilà le grand mérite de son œuvre!

Ce livre est une bonne fortune pour l'institution dont il propage les bienfaits, et j'ose dire que ce ne sera pas un des moindres titres de gloire de l'auteur. Il a rajeuni cette matière; il l'a façonnée à nouveau et a su la rendre attrayante; il l'a enrichie d'aperçus ingénieux, d'idées neuves, de formules élégantes.

L'assurance, avons-nous dit, c'est l'élimination du hasard; c'est le concours de tous pour remédier au malheur d'un seul.

L'assurance sur la vie : c'est l'assurance doublée de l'épargne, c'est-à-dire, l'épargne élevée à sa plus haute puissance. C'est un des plus puissants moyens d'affranchissement. Elle arrache notre destinée à l'incertitude du sort. Elle fait passer ceux qui ne possèdent pas dans la classe de ceux qui possèdent. Elle multiplie les capitaux et les propriétaires. Elle développe

l'initiative personnelle en même temps que
l'esprit d'économie et de prévoyance, et, par
un heureux et rare privilége, elle fait des
hommes libres en même temps que des hommes
d'ordre.

Non-seulement l'assurance crée des valeurs,
non-seulement elle fait des *millions* avec des *centimes*, et de l'*argent* avec du *temps*, mais, chose
plus précieuse encore, elle crée la sécurité qui
est le premier besoin de toute société, et sans
laquelle il ne peut y avoir ni épargne, ni travail
producteur, etc.

Toutes ces vérités générales, M. About les
anime, les met en action et les fait circuler; et
sans jamais altérer l'idée, il la rend familière,
parce qu'il lui donne son empreinte, c'est-à-dire,
une forme qui saisit et qui reste.

Esprit français par excellence, c'est-à-dire
clair, vif et concluant, M. About est peut-être
de tous les écrivains de ce temps-ci celui qui
sait le mieux se faire lire; nul n'est plus en-
traînant, plus vivant; on peut ne pas toujours
l'approuver : il est impossible de ne pas le
suivre.

Une des règles les plus essentielles de l'art,
et en même temps une des plus difficiles à ob–

server pour l'écrivain, consiste à ne jamais perdre de vue le degré d'attention qu'on peut accorder à chacune des parties de son œuvre. M. About ne s'en écarte jamais; elle exige à la fois du goût et de la mesure, deux qualités qu'il possède au plus haut degré : voilà le secret de cette séduction qui gagne d'avance les esprits, et de cette faveur constante qui accueille tous ses ouvrages.

Aucun écrivain, à mon sens, ne justifie mieux cette observation de Montaigne : « La parole est moitié à celui qui parle, et moitié à celui qui écoute... » Tout ce que dit M. About est si parfaitement intelligible que, entre le lecteur et lui, il n'y a pas de place pour l'ombre d'un mal-entendu; il aura peut-être des détracteurs, mais des commentateurs, jamais !

Aussi, personne n'est plus propre à élucider une question, à la vulgariser, à la rendre accessible aux plus hautes comme aux plus humbles intelligences. Il n'est pas aisé de se mettre à la portée de tout le monde, il faut parler comme le vulgaire et penser comme les sages, être à la fois « le pain des forts et le lait des faibles, » et surtout bien cacher son savoir. Vous rappelez-vous cette admirable prière que l'illustre

auteur de l'*Esprit des lois* adressait à la muse ?
« .... Faites que l'on soit instruit et que je n'en-
» seigne pas, que je réfléchisse et que je pa-
» raisse sentir, et lorsque j'annoncerai des cho-
» ses nouvelles, faites qu'on croie que je
» ne savais rien et que vous m'avez tout dit. »
Je ne sais si M. Edmond About adresse aussi
cette prière à la muse; mais, ce qui est certain, c'est qu'il trouve toujours le secret d'être
exaucé.

Avant lui, un éminent écrivain, aussi ha-
bile à bien dire qu'à bien faire, un homme élo-
quent, comme le définit Quintilien, « *vir bonus
dicendi peritus*, » avait traité cette question des
assurances sur la vie avec un admirable talent. L'élévation des sentiments, la netteté des
idées, la pureté et l'élégance de la forme, qui
distinguent tous les écrits de M. Alfred de
Courcy, ne se trouvent nulle part à un plus haut
degré que dans son *Essai sur les lois du hasard*[1],
un chef-d'œuvre, où l'auteur, en conciliant l'idée
de hasard avec l'idée de Providence, s'est
élevé au rang des plus grands philosophes
chrétiens.

1. Paris, chez Guillaumin.

En 1836, M. de Courcy publiait la traduction de l'excellent traité des *Annuités viagères et des assurances sur la vie*, par Francis Baily. Voilà, il me tardait de le dire, le plus grand service qui ait été rendu en France à la cause des assurances sur la vie !

Il est impossible de lire les ouvrages de M. de Courcy sans être convaincu de l'excellence de cette institution, « dont l'algèbre forme la base et la morale le couronnement, » comme il le dit lui-même, et qui ne justifie que par ses bienfaits l'espèce d'ostracisme dont elle a paru frappée en France pendant si longtemps.

Aujourd'hui les affirmations se sont multipliées autour d'elle, elle entre peu à peu dans nos mœurs, et quand le livre de M. About aura été répandu, comme il mérite de l'être, tout le monde trouvera l'idée d'assurances sur la vie si naturelle, si simple qu'on ne voudra pas croire que cette défaveur dont nous parlions ait jamais existé.

Lorsque Monge professait à l'École Normale la géométrie descriptive qu'il venait d'inventer, ses leçons eurent un tel retentissement que l'illustre géomètre Lagrange voulut y assister. En sortant du cours, il fit tout haut cette réflexion,

1.

qui tourne à l'éloge du professeur non moins qu'à celui de l'élève : « Je ne savais pas que je savais la géométrie descriptive. »

En quittant ce livre, et il est impossible de le quitter sans l'avoir lu en entier, le lecteur, partageant l'illusion de Lagrange, se dira : Mais je connaissais les assurances sur la vie, — comment se fait-il que je n'y aie pas songé plus tôt ?....

EUGÈNE REBOUL.

Août, 1865.

INTRODUCTION

Est-ce un mal? Est-ce un bien? Je ne saurais
vous le dire, mais assurément c'est un fait : à
mesure que nous nous éloignons de l'âge d'or,
tous les biens accessibles à l'homme se tradui-
sent par des chiffres : la naissance, la vie, la santé, l'éducation, la moralité, la considération, le
talent, le pouvoir, la bienfaisance, sont les fruits
du capital honnêtement acquis. De même qu'on
réduit une fraction ordinaire en fraction déci-
male, on peut ramener presque toutes les questions publiques ou privées à des questions d'argent.

J'aime une jeune fille, j'en suis aimé, je veux
en faire ma femme. Le premier mot de ses parents sera pour demander si j'ai de quoi la nourrir, elle et tous les enfants que nous pourrons
amener au monde. Mes parents, de leur côté,
s'informent si elle apportera dans la maison un
revenu égal à ses dépenses probables. Questions
d'argent.

Deux époux jeunes et bien constitués introduiraient ici-bas une douzaine d'enfants, s'ils s'en rapportaient à la nature. Aurons-nous douze enfants? C'est selon. Il faut d'abord compter, raisonner, sonder les reins du coffre-fort. Mettre au monde plus d'enfants qu'on n'en pourra élever serait une coupable folie. Question d'argent. Combien d'hommes jeunes et amoureux sont restés vieux garçons faute d'un capital! Combien de jeunes filles, jolies et bien élevées, ont coiffé Sainte-Catherine parce qu'elles étaient sans dot! Que de ménages se sont condamnés à n'avoir qu'un seul enfant, pour ne pas encombrer la terre de petits malheureux!

On dit, par habitude et sans y aller voir, que la santé, la vigueur et la gaieté sont le patrimoine des pauvres. Hélas! je médite ce vieux paradoxe au milieu d'une population maladive, rachitique et lamentable, faute d'argent. C'est par une nourriture abondante et choisie, par une gymnastique intelligente, par des soins éclairés, par la sécurité d'un avenir tout fait, que les hommes sont sains, vigoureux et allègres. Et tout cela coûte cher. Les pauvres ouvrières des faubourgs de Paris, comme les paysans bretons qui végètent au-

tour de moi, confirmeront, s'il en est besoin, la
vérité de mon dire.

L'instruction, ce pain de l'esprit, coûte pour le
moins aussi cher que la nourriture du corps. Sur
les dix-huit ou vingt mille francs qu'un jeune
bourgeois de 1865 a dépensés au collége, la nourriture n'entre pas pour un quart. Souhaitez-vous
que vos fils possèdent là grammaire, la littérature,
les sciences morales, physiques et mathématiques?
Commencez par résoudre un problème d'argent.

Les neuf dixièmes des hommes et des femmes
qui tournent mal se perdent faute d'argent et d'é-
ducation, c'est-à-dire faute d'argent et encore d'argent. Presque toutes les filles riches et bien élevées
sont sauvées de la débauche; un homme riche et
éclairé est si facilement honnête qu'il n'a, pour
ainsi dire, aucun mérite à vivre bien.

Je ne connais pas de talent qui se développe
sans instruction, c'est-à-dire sans dépense. Les
malheureux qui cherchent le mouvement perpétuel dans un grenier sans savoir les mathématiques, les pauvres diables qui commencent un
poëme en douze chants sans avoir étudié la pro-
sodie, sont condamnés d'avance aux déboires les

plus cruels. Si généreusement que la nature les ait doués, leur effort le plus sublime aboutira tout au plus à découvrir ce que vingt autres ont déjà trouvé avant eux. La première condition du talent est la connaissance des chefs-d'œuvre accomplis et des vérités démontrées. Rien ne sert de courir et de sauter les obstacles, si vous ne connaissez pas le but prochain et le point de départ actuel.. Affaire d'argent.

Quoi qu'on ait essayé dans certains pays, et surtout en France, pour fonder l'égalité politique, il est certain que l'homme aisé sera toujours plus libre et plus puissant que le pauvre. Plus libre, parce qu'il n'attend ni faveur ni salaire, et ne doit ni courbettes ni serments. Plus puissant, même sans corruption, parce qu'il a seul le temps de vaquer aux affaires publiques. Mais l'avenir des dynasties, le salut des États eux-mêmes, est subordonné à des questions d'argent. Un gouvernement est perdu sans ressource le jour où il renonce à équilibrer son budget. Louis XVI, homme de bien, révolutionnaire timide mais loyal, est tombé parce qu'il avait réuni les États généraux. Et pourquoi les avait-il convoqués? Parce qu'il

n'avait plus d'autre moyen de se procurer de
l'argent. C'est par la souscription triomphante de
nos emprunts autant que par la valeur de nos
soldats que nous avons vaincu les Russes en Cri-
mée. Depuis que l'armement, l'équipement, la
tactique et le courage personnel sont à peu près
uniformes en Europe, les peuples se battent encore à coups de canon, mais surtout à coups de
millions.

Les grands ouvrages de la paix, le percement
des isthmes, l'ouverture des tunnels cyclopéens,
la suppression des distances, l'assainissement des
marais, l'arrosage des déserts, le défrichement
des terres incultes, tout ce qui doit améliorer la
condition et reculer la limite de la vie, n'est plus
guère aujourd'hui qu'une affaire d'argent. Ce
n'est plus Hercule, fils de Jupiter, qui dessèche
les marais de Lerne, égorge le lion de Némée,
nettoie les écuries d'Augias, et garantit la sécurité des grandes routes : cette noble tâche est dé-
volue au capital, fils du travail.

Lecteur, je ne vous donne pas ces vérités
comme neuves, mais comme peu connues, ou du
moins assez mal éclaircies dans les cerveaux du

peuple français. Chacun sait aujourd'hui qu'on ne peut vivre sans argent; mais l'air est encore chargé de fausses doctrines, de préjugés absurdes, de ridicules déclamations contre le *vil métal*.

Vous savez lire et même penser. Je suis sûr, néanmoins, qu'on vous embarrasserait un instant si l'on vous adressait à brûle-pourpoint la question suivante : L'homme est-il plus heureux et plus sage lorsqu'il travaille beaucoup, gagne beaucoup et consomme beaucoup, ou bien lorsqu'il trouve le secret de vivre à peu de frais sans rien faire, en réduisant ses besoins à presque rien ?

Tous les livres qui vous ont passé par les mains depuis l'enfance, les ouvrages des philosophes païens, le résumé de la morale chrétienne, la vie des saints, les déclamations républicaines de Rousseau, les tirades de cet excellent Ponsard, s'accordent à vanter le mépris des richesses et à dauber sur l'argent. Nous avons tous admiré la sagesse de Lycurgue, qui bannissait l'argent et l'or comme des malfaiteurs de la pire espèce. Les Évangiles, qui placent dans le ciel tout l'avenir de l'homme, devaient ériger la misère en vertu : ils n'y ont pas manqué ; ils ont proscrit les place-

ments à intérêt; ils ont fermé le ciel aux riches ;
ils ont même un instant organisé le communisme
absolu dans l'Église chrétienne. Parmi les saints
que la majorité du peuple français fête encore
tous les jours, il y en a bien peu qui n'aient foulé
le capital aux pieds comme une pourriture. La
civilisation n'aurait pas fait quatre pas en dix-
huit cents ans, si tous les adorateurs du Christ
avaient entendu les affaires comme saint Siméon
Stylite. Nous n'en sommes plus là, Dieu merci !
Mais la théorie du progrès par le capital n'est ni
rédigée clairement, ni adoptée unanimement
dans la société moderne. Je connais aujourd'hui
plus d'un gentilhomme qui croirait déroger en
gagnant de l'argent. Parmi les roturiers qui gagnent le plus honorablement leur vie, j'en rencontre tous les jours qui rougissent de leur travail et se croient inférieurs à tel oisif. L'oisiveté
misérable est encore une sorte de noblesse chez
certains peuples arriérés. Mais si vous prenez
cinq minutes de réflexion pour étudier le problème que j'ai posé plus haut, vous direz comme
moi, que le citoyen anglais, avec ses besoins
compliqués et son activité infatigable, est un

homme en tout supérieur aux Indiens de Calcutta par exemple et à tous ceux qui, par la réduction des dépenses et le ralentissement de l'activité, se rapprochent des animaux hibernants.

J'avoue que si l'on pouvait supprimer ou simplement éluder les questions d'argent, nous aurions plus de loisir pour la culture de notre esprit et le perfectionnement de notre âme. Mais la première condition de cette vie supérieure serait la suppression du corps. Nous avons un corps à nourrir, à vêtir, à loger, à laver, à réchauffer, à soigner dans ses maladies, à transporter d'un point à l'autre. Le sort nous à jetés dans une contrée où tous les biens naturels sont occupés et partagés depuis longtemps, où la terre, l'arbre, le fruit, la feuille qui tombe, toute chose enfin a son maître. L'argent est une marchandise en échange de laquelle on obtient toutes les autres : il faut donc en gagner si nous voulons vivre.

Il ne suffit pas d'en gagner chaque matin pour les besoins de la journée. La vie abonde en chômages qu'il faut prévoir. Il faut surtout ménager des ressources pour ce chômage de plusieurs années qui s'appelle la vieillesse.

C'est peu que l'individu pourvoie à son présent
et assure son avenir. Il a une femme qui vieillira
comme lui, et qui même dans la vigueur de l'âge
ne saurait gagner sa vie : il crée des enfants dont
l'éducation est logiquement à sa charge ; il con-
serve quelquefois durant une longue suite d'années un vieux père qui a besoin de lui. Toute la
famille a besoin d'argent ; l'homme doit en gagner pour sa famille.

Nous faisons tous partie d'une vaste association : l'État. L'État protége chacun de nous ; chacun de nous a sa part à payer dans les dépenses
générales : il faut gagner de l'argent pour acquit-
ter notre dette envers l'État.

Il est enfin une société plus large encore, puisque tous les hommes passés, présents et futurs,
en font nécessairement partie : c'est l'humanité.
Tous les hommes dignes d'estime ont légué quelque chose à la société humaine. La simple reconnaissance nous oblige à faire comme eux et à
laisser après nous une portion de bien qui profite
aux générations futures. On ne vous demande pas
de fonder un hôpital ou de percer l'isthme de
Panama ; plantez au moins une rangée d'arbres

et défrichez un carré de terre pour que l'avenir ait reçu quelque chose de vous. Dans le présent, vous êtes entouré d'hommes pauvres, ignorants, malades : il est en votre pouvoir d'améliorer leur sort. Travaillez un peu plus, et gagnez un peu plus d'argent pour être utile aux autres hommes.

' L'homme naît sans argent. Il débarque tout nu dans cette île tournante où le froid, le chaud, la faim, la maladie sont perpétuellement armés en guerre contre son pauvre corps. Il n'aurait pas douze heures à vivre si la société humaine, composée d'un milliard d'individus de son espèce, ne commençait par lui faire crédit. Cette grande association a de l'argent, c'est-à-dire un capital réalisé sous mille formes diverses. Elle se sent liée par une solidarité étroite à ce nouveau-né, rouge et laid, qui crie du haut de sa tête ; elle lui prête les choses dont il a besoin, dans l'espoir qu'il saura tôt ou tard reconnaître un tel service. En effet, quelques-uns remboursent avec usure le capital qu'on leur a prêté. Un Jacquart, un Parmentier, un Watt rend des millions pour des sous à la société humaine. Tout compensé, on

peut dire que l'homme, en moyenne, rapporte
plus qu'il ne coûte, puisque le capital social n'a
jamais cessé de croître. Et cependant, combien
d'entre nous meurent insolvables !

Les enfants qui s'éteignent, après avoir consommé sans produire, entravent innocemment
le progrès de la richesse publique. L'adulte qui
consomme volontairement plus qu'il ne produit,
est un malhonnête homme ; il fait un tort réel à
ses associés. Le paresseux, l'imprévoyant qui
mange tout ce qu'il a gagné, laisse en souffrance
la dette de son éducation ; il viole un engagement d'autant plus sacré que la société ne lui a
pas demandé de reçu et ne peut exercer aucune
contrainte envers lui. Le véritable homme de
bien, au point de vue de l'économie sociale,
est celui qui s'applique incessamment à produire
plus qu'il ne consomme, qui accumule avec soin
un capital dont il ne jouira pas lui-même, et qui
laisse en mourant une augmentation de richesse
à la société. Car l'homme s'en va comme il est
venu : il n'emporte pas d'argent dans la tombe ;
les épargnes de sa vie sont le patrimoine des
survivants.

Pourquoi l'opinion poursuit-elle au delà du tombeau l'adulte qui meurt insolvable? Parce qu'on voit en lui un égoïste ou du moins un imprudent qui a dévoré ou aventuré le bien d'autrui. Pourquoi, respectons-nous la mémoire de celui qui, né pauvre, laisse une grande fortune honnêtement acquise? Parce que le capital créé par lui constitue un véritable accroissement de la richesse publique.

Il est peut-être bon d'expliquer ce qu'on entend par ces mots : créer un capital, car le public de notre temps est si neuf en ces matières, que tantôt il admire naïvement un jongleur qui fait passer dans ses poches l'argent d'autrui, tantôt il accuse de vol les auteurs de la fortune la mieux gagnée, la plus honnête, la plus utile à tout un peuple. Le monde des affaires est une tour de Babel où l'agent de change, l'actionnaire, le magistrat, le souverain, parlent autant de langues différentes. Le même homme est traité à Paris comme un scélérat, et à Douai comme un martyr; la même affaire obtient en quelques mois l'adhésion absolue d'une impératrice et les coups de boutoir de M. Dupin.

L'ASSURANCE

I

DU CAPITAL

J'aborde la plus grosse question de toute l'économie sociale, avec le ferme propos de la rendre intelligible à votre portier lui-même. Ne craignez donc pas que j'emploie des formules algébriques. La plupart des savants écrivent pour se faire admirer ; je ne suis qu'un ignorant de bonne volonté, et je n'ai d'autre ambition que d'être compris.

L'homme est un corps pensant. Qu'il soit grand ou petit, beau ou laid, sage ou fou, il est assujetti à des besoins inévitables qui lui imposent une dépense quotidienne. Il lui faut un logement, des habits, des chaussures, des aliments, du combustible pour l'hiver, de la lumière pour la nuit, sans parler de mille nécessités onéreuses qu'il s'est plu à inventer lui-même. Si modéré qu'on le suppose, il doit, bon gré, mal gré, raccommoder incessamment son enveloppe charnelle. Le corps est une étoffe qui s'use plus vite que toutes les autres : vous ne vous en servez pas une demi-journée sans qu'il se fasse un trou dans l'estomac.

Il y a dans l'extrême Asie, dans l'Afrique du Sud, et peut-être même dans quelque coin de l'Europe, des individus de notre espèce qui ne consomment pas plus de dix sous par jour. C'est un minimum invraisemblable, car l'homme moyen, au dire de la statistique, absorbe annuellement trois hectolitres de blé. Or l'homme ne vit pas seulement de pain. Nous avons de simples mortels, plus ou moins couronnés, qui dépensent de 2,000 à 100,000 francs par jour, et des bourgeois tout à fait modestes qui absorbent cent écus en vingt-quatre heures sans faire aucun excès. Je crois, tout compensé, qu'on n'exagérerait rien en portant à un franc par jour la dépense moyenne de tous les hommes qui vivent sur la terre. Or la terre est peuplée d'un milliard d'habitants, au bas mot; il se fait donc ici-bas une dépense quotidienne d'un milliard de francs; quoique les nids d'hirondelles et les truffes du

Périgord ne soient pas un objet de consommation générale.

On se plaît à reconnaître en tout pays que la
Providence garantit à chacun de nous les vingt
sous quotidiens dont il a besoin pour vivre ; mais
il est également reconnu que nous devons aider
la Providence et gagner un franc par nous-mêmes,
pour qu'elle nous accorde vingt sous. Nous sommes donc aussi avancés, ou peu s'en faut, que si
le ciel avait cédé ses pleins pouvoirs à la terre.
La prière est un travail consolant entre tous,
mais qui ne nous dispense d'aucun autre. C'est à
nous de nous entendre pour gagner un milliard
par jour, si nous voulons que personne ne meure
de faim ou de froid parmi la grande association
des hommes.

Le sauvage de l'Amérique et le chiffonnier de
la rue Mouffetard sont les enfants légitimes de la
mère Nature. Chacun d'eux s'arrange de manière
à trouver le matin les vingt sous qu'il lui faut
pour vivre jusqu'au soir. L'un chasse dans la
savane et l'autre dans les tas d'ordures ; le travail et le hasard combinés dans une proportion à
peu près égale assurent tant bien que mal leur pain

quotidien. Le commissionnaire qui stationne au coin de votre rue est à peu près dans les mêmes conditions : il gagnera 20 sous si le hasard lui fournit l'occasion de faire une course, 2 francs s'il en fait deux, 3 francs s'il en fait trois, rien si personne n'a besoin de ses petits services.

Admettez un instant que chacun des hommes vivants imite la paresse et l'imprévoyance du sauvage. L'humanité gagne son milliard tous les matins, elle le dépense intégralement tous les soirs; notre espèce se lèvera demain aussi pauvre qu'elle l'était hier; la nécessité du travail quotidien sera toujours aussi rigoureuse, aussi urgente, aussi brutale; aucun âge, aucune fatigue ne créera des droits au repos; les faibles, les vieillards, les malades se verront condamnés à une mort inévitable; l'incertitude de l'avenir sera comme un nuage noir éternellement suspendu sur un milliard de têtes. Point de sécurité, partant aucun bonheur : à peine quelques jouissances fugitives, rapides, inquiètes, dans cette vie au jour le jour. Le progrès ne sera qu'un vain mot, puisque l'humanité, comme une Danaïde, devra recommencer tous les matins son pénible et inutile labeur.

Mais le commissionnaire qui médite sur ses
crochets au çoin de votre rue, est un Auvergnat
prévoyant et sage. Il sait qu'il vieillira, qu'il peut
tomber malade, que le hasard capricieux le con-
damnera peut-être à chômer huit jours de suite
et à se croiser les bras en pleine santé. D'ailleurs,
il a sa femme qui travaille comme lui, au jour le
jour, et qui est sujette aux mêmes accidents ; il a
des enfants à élever ; il rêve de les voir plus heureux que lui, moins mercenaires, moins assu-
jettis aux caprices du sort. Que fait-il ? Il décide
dans sa prudence qu'il épargnera tous les jours
une fraction de son modeste gain pour former
une réserve, une provision, une ressource. Lorsqu'il aura serré dans un tiroir de commode là
somme équivalente au pain d'une semaine, il
verra devant lui une semaine de sécurité, de bonheur relatif, de liberté d'esprit : il saura que le
hasard ne peut rien contre lui pendant toute une
semaine. Quand l'épargne aura grossi de façon à
lui donner du pain jusqu'au terme de sa vie probable, il attendra la vieillesse et la maladie de
pied ferme. Et s'il est assez heureux pour laisser
en mourant une réserve qui assure le repos de sa

femme et l'avenir de ses enfants, il mourra plus
tranquille et plus content de lui.

Grâce au petit capital amassé par ce brave
homme, ses enfants travailleront moins pénible-
ment que lui, gagneront de meilleures journées
et pourront épargner davantage. Il courait de son
pied à travers les rues de Paris; son fils aura le
moyen d'acheter une voiture de remise et deux
chevaux. Pour peu qu'il suive les traditions de
son père, il mettra de côté quatre ou cinq francs
par journée. Le petit-fils, muni d'un plus gros
capital, achètera des actions de l'Est; chaque
train circulant de Paris à Strasbourg ou de Strasbourg à Paris lui payera tribut, sans qu'il soit
obligé de conduire la locomotive; il aura non-
seulement la sécurité, mais encore le loisir, qui
permet la vie intelligente. La femme du commissionnaire gagnait douze ou quinze sous par jour
en cousant des chemises; sa fille, après avoir
hérité, se donnera le luxe d'une machine à
coudre, et gagnera trois francs avec moins de
travail; la petite-fille montera un atelier, l'arrière-
petite-fille achètera peut-être la maison que le
vieil Auvergnat contemplait de bas en haut avec

une admiration mêlée d'envie. Ainsi va le monde, quand on suit la grande loi de la prévoyance : épargner en travaillant. Le capital n'est autre chose que le fruit du travail amassé pour l'usage des hommes.

Supposez maintenant que notre exemple d'économie auvergnate, ou plutôt philosophique, soit mis en pratique par toute l'humanité. Les hommes blancs, jaunes, rouges et noirs, tous solidaires les uns des autres comme les doigts de la même main, conviennent d'un commun accord que chacun d'eux travaillera un peu plus, dépensera un peu moins, de manière à épargner deux sous sur chaque journée. A la fin du premier jour, nous aurons réalisé un capital de cent millions; nos économies s'élèveront à 36 milliards et demi à la fin de l'année. Ce capital sera représenté par des maisons, des machines, des routes, des bateaux, des animaux utiles et mille autres valeurs qui nous rendent à tous la vie plus agréable, le travail plus commode et l'épargne plus facile. Mille ans sont peu de chose dans l'histoire de l'humanité, qui est peut-être vieille de cinq ou six cents siècles. Cette modeste

2.

économie de deux sous par tête et par jour représenterait, au bout de mille ans, 36 trillions 500 milliards, à supposer qu'on eût enfoui l'argent sans le placer; mais comme il est démontré qu'une somme placée à 5 pour 100 se quintuple au bout de trente-trois années, il est facile de conclure que chacun de nous serait plus que millionnaire aujourd'hui si l'humanité avait épargné en travaillant depuis une demi-douzaine de siècles.

Ne vous hâtez pas trop de vous moquer de moi si je vous dis qu'un milliard d'individus éparpillés à la surface de notre planète pourraient et devraient être tous millionnaires. On aurait bien fait rire l'empereur Charlemagne, il y a dix siècles environ, si on lui avait dit qu'en 1864 un modeste bourgeois de Paris serait mieux logé, mieux nourri, mieux chauffé, mieux éclairé, mieux vêtu et plus commodément installé de tout point que Sa Majesté demi-sauvage. Supposer que tous les hommes seront un jour millionnaires, c'est dire que dans un temps donné l'homme moyen vivra aussi confortablement qu'on peut vivre aujourd'hui avec 50,000 fr. de rente. C'est dire que le travail et l'épargne de tous les hommes associés constitueront sur terre un capital d'un million de milliards, produisant chaque année 50,000 milliards de revenu. Le chiffre n'a rien d'exorbitant. 50,000 milliards, c'est 2,500 fois le revenu actuel de la France mal cultivée et passablement arriérée. Le revenu brut de notre petit pays était de 10 milliards en 1846 ; il est de 20 milliards en 1864 ; il s'élèvera à 50 avant la fin du dix-neuvième siècle. Que tout le monde suive notre exemple, et je réponds du résultat.

Le capital de la grande société humaine ne se compose pas seulement des métaux précieux sortis de la mine. La France a tout au plus 6 milliards d'or et d'argent monnayé ; son capital en espèces égale environ le quart de son revenu. Aux yeux de l'économiste, le capital existant ici-bas se compose de tout ce que l'humanité a épargné depuis sa naissance, de toutes les choses utiles qu'elle a produites sans les consommer. A proprement parler, la nature n'a créé aucun capital : le minerai enfoui sous terre, le sol empesté de plantes parasites, le banc de sardines qui nage dans la baie de Douarnenez ne sont pas des capitaux. Mais si je pêche les sardines, et qu'après avoir vécu tout un mois de ce travail, je réalise une valeur de cent mille francs; si je trouve, j'extrais, je-fonds et j'affine assez de fer pour que, tous frais déduits, il me reste pour 100,000 francs de fer en barres; si je défriche une lande aride qui rendra, tous frais payés, 3,000 francs par année, j'ai littéralement créé, c'est-à-dire mis au monde un capital de 100,000 francs.

M'avez-vous bien compris?

Je répète l'explication sous une autre forme, au risque de vous ennuyer un peu.

Les pierres qui reposent en lits épais sous la plaine de Montrouge ne sont pas un capital, parce qu'elles ne sont pas le fruit du travail et qu'elles ne rendent aucun service à l'homme. Mais celui qui les extrait, les taille, les trans-porte et les emploie à bâtir une maison de cinq étages, a créé un capital. Mettez cette maison en vente et déduisez du prix d'adjudication les sommes que l'entrepreneur a déboursées ou consommées durant son travail, vous aurez le chiffre exact du capital qu'il a créé.

La nature a fabriqué une multitude d'animaux

sauvages : j'en prends deux à la chasse, je les apprivoise, je les accouple, je perfectionne leur race par la nourriture, la stabulation, la sélection, les croisements et tous les moyens connus. Si, au bout de vingt ans, après avoir vécu, je laisse un troupeau de cinq cents têtes, pesant 20,000 kilos de viande nette, à 1 fr. 25 le kilo, j'ai créé bien réellement un capital de 25,000 francs.

Les capitaux se greffent, pour ainsi dire, les uns sur les autres, et vous allez voir comment. Mon père a défriché une lande, il y a semé des pommiers sauvages ; ces arbres donneront du bois et rien de plus : par un travail facile, mon père a constitué un petit capital. J'arrive, et sur les jeunes tiges je greffe les meilleures espèces à cidre : le capital augmente par cette addition de travail. La récolte de cette année vaut 500 fr. prise sur place. Mon voisin l'achète et la met au pressoir, il en extrait du cidre pour 800 fr. Un industriel voit que le cidre est pour rien, que l'alcool se vend cher, il distille ces 800 fr. de cidre et en tire pour 1,200 fr. d'alcool. Voilà, grâce au travail superposé de quatre hommes, un revenu supérieur à la valeur primitive du fonds.

Entre les mains d'un parfumeur intelligent, cet-
alcool, qui vaut de 65 à 70 centimes le litre, s'élèvera par un nouveau travail à une valeur de
10 ou 12 francs. C'est ainsi que l'activité de
l'homme, sans pouvoir créer un atome de matière,
met la matière en œuvre de façon à créer des
capitaux.

Vous savez que les roues des voitures, en
s'usant sur le pavé, dispersent chaque jour plus
de vingt kilogrammes de fer dans les rues de
Paris. Ces vingt kilos d'un métal précieux entre
tous ne sont pas anéantis, mais ils sont perdus.
Leur division, pour ainsi dire infinitésimale, les
met hors de l'usage en les rendant insaisissables.
Supposez qu'un travailleur patient et ingénieux
parvienne à ramasser ces atomes de fer, à leur
rendre la cohésion, la résistance, et toutes leurs
qualités utiles. Il les met à la forge, il en tire un
levier. N'aura-t-il pas créé un capital à l'usage
des hommes ?

Un centime n'est pas plus un capital qu'une
paille de fer n'est un levier. C'est à peine une
valeur ; vous trouverez fort peu d'individus qui
soient sensibles à la perte ou au gain d'un cen-

time, parce que d'un centime isolé on ne fait rien.
Mais celui qui; par un honnête procédé, obtien-
drait de tous ses concitoyens de la terre ce petit
centime inutile, créerait un capital de 10 millions, c'est à dire un joli levier pour transporter
les montagnes.

C'est grâce au capital que rien n'est impossible
à l'homme. Le pauvre Ecossais Law a rendu un
service immense à notre espèce en lui donnant
l'idée d'associer les liards pour faire des millions.
Séparés, les liards ne pouvaient rien ; réunis, ils
ont transformé la face de l'Europe.

Tous les financiers vous diront qu'il est plus
facile de gagner 100 millions avec 1 million que
100 francs avec 20 sous. — Pourquoi ? — Parce
que 1. million est un capital, c'est-à-dire un
instrument, tandis que 20 sous ne sont que
20 sous.

Un fils de famille qui a hérité d'un million et
qui le dépense avec des drôlesses, est comme un
ouvrier malfaisant qui limerait un levier et le
réduirait en poussière. Le stupide ouvrier pourra
dire à son maître : Je ne vous ai rien pris ;
pesez votre limaille, le compte y est. Le stupide

gandin chantera sur un air connu : « Ce n'est pas perdu, perdu pour tout le monde ! Allez voir les carrossiers, les marchands de chevaux, les lingères, les couturières, les bijoutiers et les gargotiers à la mode ; vous trouverez entre leurs mains la limaille de mon million. » Parbleu ! nous le savons, que l'argent n'est pas perdu. Mais tu l'as dispersé, petit âne. Tu as rompu la cohésion qui fait la force des capitaux et des leviers. Il faudra des années de travail et d'épargne pour reconstituer entre les mains d'un autre l'instrument que tu as détruit !

La destruction d'un capital est une calamité qui pèse non-seulement sur l'homme ruiné, mais sur l'humanité tout entière. La création d'un capital n'enrichit pas seulement l'individu, mais l'espèce.

De tous les mécanismes qu'on a inventés pour réparer la destruction des capitaux existants et pour en constituer de nouveaux sur la terre, le plus ingénieux et le plus honnête est l'assurance. C'est par elle que nous serons tous capitalistes dans un temps donné.

II

L'HOMME EST UN CAPITAL

Tous les Français qui savent lire ont lu cette jolie fable de La Fontaine : *la Laitière et le Pot au lait.*

La laitière Perrette n'est pas absolument un personnage ridicule. Elle a fait une faute, une seule : elle a sauté imprudemment et répandu son lait par terre. Jusque-là, ne vous en déplaise, elle était dans le vrai, elle raisonnait fort bien : elle donnait un exemple que chacun de nous devrait suivre, car elle combinait dans sa petite tête la création d'un capital.

Quarante sous de lait, n'ont jamais été un capital, mais la fermière qui les échange contre un cent d'œufs, qui fait couver les œufs, élève les poulets, les porte à la ville, achète un cochon

maigre et même deux ou trois, engraisse et vend
ces intéressants animaux et ramène à son étable
une vache prête à vêler ; cette fermière a vaincu
plus de difficultés et mérite plus de louanges que
si elle avait décuplé un million à la Bourse. Elle
a centuplé ses deux francs, fait quelque chose de
rien, et créé à son usage un capital ruminant.

Au point de vue de l'économiste, il n'y a aucune différence entre une somme de 10 louis,
une raie de champ de 200 francs, et une vache
de 20 pistoles. Ce sera, suivant le cas, un capital
liquide ou un capital foncier ou un capital vivant
mais toujours, sous n'importe quelle forme, un
capital identique. Si la somme est en argent,
Perrette est libre de l'employer elle-même dans
le commerce, et elle gagnera 15 ou 20 pour cent ;
ou de la prêter sur hypothèque, à un compère
industrieux, et elle empochera sans fatigue les
5 ou 6 du cent. Si le capital est en terre, Perrette a le choix de bêcher son petit champ elle-
même, il lui rapportera de 5 à 10 °/₀ ; ou de l'affer-
mer à Jean-Pierre, moyennant une redevance de
2 1/2 °/₀. Si enfin les 200 francs sont un beau mufle
armé de cornes, Perrette décidera s'il vaut mieux

traire son capital elle-même avec beaucoup de
labeur et de profit, ou le donner à cheptel, c'est-
à-dire le prêter moyennant finance à la ferme
du voisin Claude. Dans ces trois occasions, le
capital sera pour sa propriétaire une cause de
bien-être, un instrument qui lui rendra le travail
plus facile, une source de revenus, l'amorce et
le commencement d'un plus gros capital.

Mais à quels signes reconnait-on qu'une vache,
un champ de dix arés, dix louis d'or, un kilo d'argent à 900 millièmes de fin, un fusil à deux coups,
un chien de chasse bien dressé, un manteau dou-
blé de petit gris, représentent une valeur identique et sont des quantités égales entre elles?

La valeur n'est pas un caractère absolu, une
étiquette attachée par la nature à chaque chose
utile. C'est le rapport instable des capitaux entre
eux et avec les besoins de l'homme. Elle varie
incessamment avec l'offre et la demande. L'hec-
tolitre de blé tombe quelquefois à 6 francs dans
les plaines de la Russie méridionale, où l'argent
est rare ; il a monté quelquefois à plus de 500 fr.
dans les *placers* de la Californie. Le coton vaut
très-cher au Havre, et rien du tout à la Nouvelle-

Orléans, tandis qu'une paire de bottes se vend 1,250 fr. à la Nouvelle-Orléans et 25 fr. au Havre. Une pauvre femme polonaise, entraînée vers la Sibérie par les soldats de Mourawieff, donnerait tous ses diamants pour une pelisse de fourrure ; un transporté français, voguant vers Cayenne, ne l'achèterait pas dix sous. Si vous rencontriez un tigre dans votre escalier, vous donneriez votre fortune pour un fusil à deux coups ; on a vu des déroutes où un royaume avait moins de prix qu'un cheval.

En thèse générale, et toutes les exceptions mises à part, l'homme civilisé, vivant en paix dans des conditions normales, estime les capitaux au prorata de leur revenu. Un capital qui rapporte 3 francs par an sans exiger aucune fatigue vaut en moyenne vingt fois le revenu, ou 60 francs. Il en vaudra jusqu'à 120 s'il est tellement sûr, tellement solide, qu'il ne puisse ni périr ni subir aucune dépréciation dans la suite des siècles : par exemple, un bon pré. Le même capital ne vaudra que 45 ou 50 francs s'il est sujet à périr au bout d'un siècle ou deux, s'il exige un entretien et des réparations continuelles; par exemple, une maison. Il vaudra 30 francs au maximum s'il est encore plus incertain et plus caduc : un animal, un navire, une voiture, une machine à vapeur. Trois francs de rente perpétuelle ne représenteraient qu'un capital de 3 francs et quelques centimes si l'emprunteur menaçait de faire banqueroute et si j'étais presque sûr de ne toucher mon revenu qu'une fois. C'est ainsi que le 5 % français a pu tomber à 6 francs en 1815, remonter à 120 en 1847, et redescendre à 50 en 1848.

Le propriétaire d'une machine à vapeur, s'il veut savoir au juste la valeur de son capital, devra faire le calcul suivant : *Primo*, quel produit net la machine peut-elle donner par an? *Secondo*, pendant combien d'années est-il probable qu'elle travaillera sans se détruire?

Si vous avez dans votre écurie un cheval de cinq ans, vous pouvez espérer qu'il fournira dix ans de travail utile. Estimez le produit de ses peines, déduisez le logement, la nourriture et les soins qu'il coûtera, et vous aurez une idée approximative du capital qu'il représente.

Depuis les temps les plus reculés jusqu'au

milieu de notre siècle, il y a eu des esclaves, c'est-à-dire des hommes assimilés au bétail. Un maître les estimait en raison du revenu net qu'ils pouvaient produire : les vieillards étaient à vil prix, car il n'y avait plus grand'chose à tirer de leur carcasse.; les enfants ne coûtaient presque rien, car l'enfant est un capital qui dépense plus qu'il ne rapporte ! On payait bien un homme dans la force de l'âge ou une femme dans la fleur de sa jeunesse : c'était monstrueux en morale, mais logique en économie. Au jugement de MM. les esclavagistes, un nègre de trente ans, qui a vingt bonnes années devant lui et qui gagne autant que deux chevaux dans sa journée, représente, en capital, quatre chevaux de cinq ans.

Les serfs de la Russie n'étaient pas tout à fait des esclaves, quoiqu'on pût les vendre et les acheter ; ces demi-bestiaux conservaient pour eux-mêmes une partie de leur produit net : cependant ils rapportaient encore 50 francs l'un dans l'autre, et se vendaient 1,000 francs en moyenne.

Je ne vous ai parlé que du gros bétail humain, des hommes de trait et de labour ; il y avait aussi des races fines, améliorées par un élevage intelligent. Ainsi les filles de Géorgie se vendaient plus cher à Constantinople que les pouliches par *Eclipse* ou *Monarque* à Londres ou à Paris. Les Romains de l'empire payaient un rhéteur grec au prix du perroquet le plus savant; ils achetaient un médecin, un professeur, un secrétaire, comme le directeur du Cirque se donne un singe acrobate, un cheval danseur ou un chien joueur d'échecs.

L'esclavage a fait son temps, en Europe du moins. L'homme est un capital qui n'appartient plus qu'à lui-même, mais c'est toujours un capital, comme au temps de la grande brutalité romaine. Il vaut d'autant plus cher qu'il est plus éclairé, plus instruit, plus complet, qu'il peut se rendre plus utile.

Celui qui produit juste assez pour sa consommation et se contente de joindre les deux bouts, n'est qu'un capital mort, stérile, dont le produit net égale zéro.

Celui qui consomme plus qu'il ne produit représente ici-bas une quantité négative. Sa vie est une charge pour la société; il faudra l'inscrire aux profits et pertes.

Celui qui produit plus qu'il ne consomme' est un capital d'autant plus fort que son revenu net est plus grand. Si vous voulez savoir ce qu'il vaut, à quelques centimes près, multipliez le produit net de son travail par la valeur d'une annuité viagère de 1 fr. reposant sur une tête de son âge.

Aucun homme n'a plus le droit d'en vendre un autre, ni même, heureusement, de vendre sa propre personne ; mais un capital inaliénable n'en est pas moins un capital. La langue française qui est un instrument fort bien fait, indique clairement cette nuance. Le participe *vendu* est outrageux, mais on dit fièrement : *un homme de ma valeur*, et le nom de *vaurien* est une grosse injure.

S'il est honteux de se vendre, il est parfaitement honorable de se louer. De même que Perrette avait le choix de traire sa vache elle-même où de la louer au fermier voisin, le travailleur est libre de mettre ses talents au service d'autrui ou de les exploiter lui-même. Un fonctionnaire, un officier, un employé, un serviteur loue ses services à l'État ou aux particuliers sans abdiquer en rien la royauté humaine. L'industriel, le mar-

chand, le laboureur, l'artiste, trouvent plus de
profit, mais aussi plus de labeur, à traire leurs
vaches eux-mêmes.

Chacun sait ce qu'il vaut, sauf quelque erreur
en plus. Chacun sait aussi à peu près, sauf quelque erreur en moins, ce que valent les autres. Un
expéditionnaire de bureau se ferait mettre à Cha-
renton s'il demandait le traitement d'un con-
seiller d'État, mais il se fâcherait tout rouge, et
très-légitimement, si vous lui offriez les gages d'un
marmiton. Lorsqu'un homme éminent, M. Thou-
venel par exemple, déposa le portefeuille des
affaires étrangères, aucun marchand de nou-
veautés ne lui aurait fait l'injure de lui proposer
le rayon des châles avec 6,000 francs. Chacun
sait que ses facultés peuvent être employées
à des travaux plus utiles, et qu'une année d'un
tel homme vaut infiniment plus que cela. Un
bachelier ès lettres n'est point, par son diplôme,
un monsieur de génie : cependant vous, vous
feriez scrupule de l'employer comme valet de
chambre ou comme jardinier. Il arrive parfois
qu'un artiste de talent, poussé par une inspiration
malheureuse, se met à peindre des tableaux

3.

de pacotille; on voit aussi des auteurs d'un vrai
mérite bâcler des vaudevilles en un acte pour les
Variétés, au lieu de porter des comédies au
Théâtre-Français. Dans ces occasions, le public
gronde, l'orchestre crie au gaspillage! On se fâcherait également si l'on voyait le baron de
Rothschild employer son argent et ses facultés
hors ligne à jouer au bouchon avec des pièces
de cent sous.

L'égalité civile est une admirable chose, je me
couperais la main droite plutôt que de lancer une
boulette de mie de pain contre le monument de 89.
Mais en économie, les hommes sont plus inégaux
que les pièces de monnaie dans la bourse d'une
quêteuse. Il y a des écus d'or qui valent 100 fr. et
des boutons sans queue qui valent beaucoup moins
d'un centime. Une heure d'un poëte comme La-
martine, d'un avocat comme Crémieux, d'un
peintre comme Meissonier, d'un médecin comme
Velpeau, vaut mille heures du plus solide maçon
de la Creuse, gagnât-il 6 fr. par jour.

Vous voyez à chaque instant un jeune homme
bien bâti, bien portant, vacciné, vendre à l'État
sept années de sa vie pour une somme inférieure

à 3,000 francs. Personne ne le plaint; il ne vous paraît pas qu'il fasse une mauvaise affaire. Vous savez cependant que sa vie sera plus exposée dans le métier des armes que dans la filature ou la chaudronnerie. Mais vous sentez aussi qu'il n'y a pas une disproportion choquante entre ce capital à deux pieds, sans plume, et une somme de 2 à 3,000 francs. Supposez, au contraire, qu'un jeune homme tombe au sort après avoir fait preuve d'un mérite hors ligne : l'État se fait scrupule d'exposer sa vie en temps de guerre, de le promener à travers les casernes en temps de paix. On l'exemptera du service militaire s'il est bien démontré qu'il peut servir plus utilement son pays, si sa chair est notoirement plus fine que la chair à canon de qualité ordinaire.

Autrefois, les lois franques condamnaient le meurtrier à payer le prix du sang. Entre un serf, simple paire de bras, et un évêque, cerveau pensant, le tarif établissait une énorme différence. Les mœurs modernes ont maintenu cette proportion, parce qu'elle est conforme à la nature des choses. Quand les Chinois ont égorgé traîtreusement quelques hommes de notre armée, nous

n'avons pas réclamé la même indemnité pour
l'officier et le simple soldat. C'était en Chine !
direz-vous. Mais si demain matin, sur le chemin
de fer du Midi, un accident causé par négligence
tuait du même coup un savant de l'Institut et un
portefaix, les tribunaux n'indemniseraient pas
également les familles des deux victimes. La
justice s'empresserait de reconnaître que la vie
du savant est d'un tout autre prix que celle du
journalier. Je dis plus : si ces deux hommes
survivaient à l'accident, moyennant l'amputa-
tion des jambes, la Compagnie devrait payer plus
cher les membres de celui qui en a le moins
besoin. Il est facile d'évaluer le gain maximum
d'un manœuvre bien constitué ; le malheur de
l'autre victime est incalculable. Accuserez-vous
la partialité des juges ?

Un simple jury d'expropriation, composé de
gens comme vous ou moi, peut expulser demain
tous les locataires d'une maison. Nous trouvons
au premier étage un beau jeune homme qui vit
de ses rentes, et n'a d'autre industrie que de
souper aujourd'hui avec Nana et demain avec
Cora. Le cinquième est occupé par un vieux phi-

lologue et ses vieux livres. Le brave homme a
des habitudes d'esprit et de corps, des manies si
vous voulez. Il a rangé autour de lui les honnêtes
et indispensables instruments de son travail; le
désordre apparent de son cabinet est un ordre où
il se reconnaît seul ; il s'y retrouve les yeux fer-
més ; il n'a qu'à étendre la main pour saisir le
livre qu'il lui faut. Un déménagement troublera
pour longtemps, peut-être pour toujours, cette
existence heureuse et digne. Quelle que soit
l'indemnité qu'il réclame, nous ne marchan-
derons pas avec lui. Quant au petit monsieur qui
fleurit au premier, c'est une autre affaire : le
jour qu'on lui fait perdre en déménagement est
autant de gagné; il ne l'emploiera pas à faire des
sottises.

Je reviens à notre amie Perrette, et je suppose
qu'elle n'a pas répandu son lait. A force d'élever
des poulets, des cochons et des vaches, elle a mis
de côté une vingtaine de mille francs qu'elle des-
tine à son fils. C'est un enfant né sur le tard ;
Perrette ne sait pas si elle vivra assez longtemps
pour le guider à travers la vie. Elle a pris les
conseils du maître d'école; on lui a dit que

vingt mille francs placés à cinq pour cent for-
maient, au bout de trente-trois ans, un capital de
cent mille. Mais si le garçonnet ne charriait
pas droit? S'il mangeait cet argent en herbe,
ou s'il le perdait bêtement dans les affaires.?

Perrette a du bon sens. Elle sait, par expérience,
qu'un petit veau de 20 fr., moyennant 80 fr. de
nourriture, arrive en deux années à valoir 200 f.
Elle conclut de là que la nature vivante est un
terrain plus fertile que tous les autres. Or, de
tous les vivants, l'homme est sans contredit le
mieux organisé. Partant de ce principe, elle
comprend que, pour placer 20,000 fr. avec profit,
le plus sûr est de le semer dans le cerveau de
son fils. Elle le fait instruire et lui constitue
sagement un capital intérieur qui ne saurait être
confisqué par les révolutions ni emporté à l'é-
tranger par un notaire infidèle. Par ce moyen
le fils de Perrette, lorsqu'il attrapera ses trente-
trois ans, n'aura peut-être pas 100,000 fr. en portefeuille, mais il sera lui-même un bon capital,
gagnant de gros revenus, et joliment coté à la
grande bourse de la vie. Combien vaut-il, au
juste? Deux cent, trois cent, quatre cent mille fr.?

— Cent mille écus, messieurs, pas un centime
de moins. Et la preuve, c'est qu'un riche marchand de la ville voisine l'a payé ce matin cent
mille écus comptant pour le donner en mariage
à sa fille!

Quand je vous le disais, que l'homme est un
capital! A trente-trois ans le fils de Perrette avec
son instruction, ses facultés et ses talents (qui
ont coûté cher), est le fruit du travail accumulé
par sa mère. Il est un instrument utile perfectionné, qui peut rendre à ses concitoyens plus de
services en un quart d'heure que sa pauvre mère
en dix ans.

III

LES COUPS DU SORT

Si tous les capitaux mouraient de leur belle mort, les assurances n'auraient aucune raison d'être. Les navires iraient sur l'eau tant que la vétusté ne les ferait pas tomber en pourriture, les maisons resteraient debout trois ou quatre cents ans, les blés achèveraient leur maturité jusqu'au jour d'une moisson certaine, le bétail vieillirait à l'étable, l'homme s'acheminerait sans peur et sans souci vers sa quatre-vingt-dix-neuvième année. Chaque propriétaire calculerait à coup sûr les revenus de son capital interne ou externe, et tout homme de bonne volonté saurait, à 10 francs près, quelle somme de biens il peut laisser après lui.

Par malheur, nous avons tous à compter avec l'imprévu. On assure que la terre nous a été donnée par un pouvoir supérieur et bon, mais cette concession était grevée de terribles hypothèques.

Mon voisin vient de bâtir une maison d'un million. Ce capital solide représente l'épargne accumulée par cent existences humaines. Avec le prix de cette maison on nourrirait mille hommes pendant trois ans, à raison d'un franc par jour. S'il était démontré que l'immeuble ne périra que de sa belle mort, on saurait qu'il a pour le moins trois cents ans à vivre, et qu'il produira en trois siècles une trentaine de millions au profit de ses propriétaires successifs. Et Dieu sait tout le bien qu'on peut faire, tout le travail qu'on peut aider, toutes les richesses qu'on peut greffer sur ces 30 millions certains et garantis! Mais qu'un enfant s'amuse avec des allumettes, qu'un fumeur jette son cigare dans de la sciure de bois : en quelques heures, ce beau capital, qui a coûté si cher au passé, qui promettait tant à l'avenir, ne sera plus que cendre et fumée.

Voyons les conséquences d'un pareil accident.
Elles vous touchent de plus près que vous ne pen-
sez, quoique vous ne connaissiez pas même le
nom du propriétaire. Il y a 1 million de moins
ici-bas, c'est-à-dire un capital, un instrument,
un levier de moins. De la somme totale accumulée jusqu'à nos jours par l'homme et pour
l'homme, il faut défalquer 1 million. La grande
association humaine est moins riche aujourd'hui
qu'elle n'était hier. Cela n'a l'air de rien, parce
que vous ne savez pas combien la solidarité qui
nous unit tous est étroite; mais réfléchissez un
seul instant, et vous comprendrez que le pauvre
comme le riche est intéressé à l'accroissement
du capital social. Si la somme de bien réalisée
sur terre venait à doubler du jour au lendemain,
le travail qui vous rapporte 1 kilogramme de pain
vous en rapporterait 2 ; l'argent que vous emprun-
tez à 6 pour 100 ne vous coûterait plus que
3 pour 100. Si, au contraire, une moitié du capital
existant périssait en une seule nuit, il vous faudrait
travailler deux heures au lieu d'une pour gagner
le même morceau de pain ; l'argent qu'on vous
prête à 6 pour 100 vous coûterait 12 pour 100. Si

cette loi économique ne vous paraît pas évidente,
il est facile de la contrôler : comparez les salaires
d'un peuple riche et d'un peuple pauvre ; informez-
vous du taux de l'argent chez les Hollandais, par
exemple, et chez les Turcs.

L'anéantissement d'un million tout formé vous
est plus préjudiciable que la destruction de 100
millions de centimes entre les mains de cent
millions d'individus. Vous me direz qu'au fond
le dommage est identique, puisque dans les deux
cas le total de la richesse publique éprouve la
même diminution. Mais rappelez-vous que le
capital est un levier, un instrument destiné à
rendre le travail moins pénible et plus utile, et
dites-moi si la destruction d'un levier de 5 kilos
ne serait pas un mal beaucoup plus grand
que le prélèvement d'un centigramme de fer sur
cinq cent mille leviers.

Le propriétaire de la maison brûlée était facilement un homme de bien. Satisfait de son sort,
il ne convoitait pas la fortune d'autrui. Il avait
tout le loisir de développer son esprit par l'étude
et de cultiver à son choix un art libéral. Ses enfants recevaient une bonne éducation, qui en eût

fait tôt'ou tard des hommes utiles. Sur un revenu
de 100, 000 francs, il prenait de temps à autre
les éléments d'une bonne action. Ses épargnes,
placées à un honnête intérêt, auraient fructifié
dans le commerce ou l'industrie, au grand profit
de quelques braves gens qui se seraient fait à
leur tour, et grâce à lui, un petit capital. Voilà
beaucoup de biens de natures diverses qu'un seul
incendie a détruits. Le père de famille est brisé ;
il ne refera jamais sa fortune ; son moral a suc-
combé sous le coup. Qu'il végète, qu'il vole ou
qu'il mendie, il passe à l'état de non-valeur ; la
société n'a plus rien à espérer de lui. Ses enfants,
élevés pour l'aisance, tourneront sans doute assez
mal ; tous les hommes qui comptaient sur lui,
c'est-à-dire sur son capital, sont enveloppés dans
sa ruine.

Ne croyez pas que je trace un tableau de fan-
taisie. On voit même aujourd'hui ces chutes la-
mentables ; on rencontre non-seulement des
hommes, mais des populations entières réduites
à la mendicité ou à la rapine dans les pays où
l'assurance contre l'incendie n'a pas encore péné-
tré. Durant une longue série de siècles, tous les

abris à l'usage de l'homme et les biens de toute sorte qu'il enfermait sous son toit ont payé un large tribut à la plus capricieuse, la plus aveugle et la plus implacable des puissances : le *destin*, que l'antiquité dans sa terreur appelait le maître des dieux. Il n'y a ni palais, ni maison, ni meuble précieux qui ne puisse en quelques heures passer de l'être au néant. Une éternelle menace plane incessamment sur nos villes et nos villages, et c'est hier à peine que les peuples les plus civilisés ont appris à se racheter de cet impôt.

Avez-vous jamais assisté au lancement d'un navire ? C'est une belle solennité, mais toujours un peu triste. Il n'y a pas un des assistants qui ne se demande si ce beau bâtiment tout neuf mourra de sa belle mort. On sait qu'il est tributaire du naufrage ; on ne sait pas quel jour ni dans quelle occasion il devra payer l'impôt. Peut-être jamais, peut-être dans huit jours, en vue de cette côte, au sortir de ce port où il est né.

Lorsque vous rencontrez une vigne opulente dont les raisins commencent à mûrir, vous félicitez le vigneron du succès de ses peines. Il hoche la tête, et vous dit : « Ma vigne doit tribut à la

grêle. C'est peut-être demain qu'elle recevra som-
mation de payer ! »

Si vous entrez dans une belle étable où quarante bêtes à cornes, bien grasses et bien lui-
santes, ruminent paisiblement leur repas du
matin, un élément d'incertitude corrompra votre
admiration : ce capital heureux et florissant doit
tribut à l'épizootie !

Et vous-même, lecteur, lorsque, rasé de frais,
vous déjeunez face à face avec votre gentille petite
femme, au milieu de vos enfants roses et joufflus,
goûtez-vous un contentement sans mélange ?
Êtes-vous bien certain qu'il n'y a pas un léger
nuage à l'horizon de ce beau ciel ? Vous êtes
jeune et sain, vous gagnez amplement votre vie,
vous épargnez quelque chose tous les ans, comme
c'est le devoir d'un homme : tant pour la pension
de vos fils et tant pour la dot de vos filles. Mais
si la chaise où vous êtes assis venait seulement
à se rompre ? Si un pepin de raisin se trompait
de route et vous étouffait ? Cela s'est vu. Si vous
étiez frappé d'apoplexie ? Si une mouche entrait
par cette fenêtre et vous inoculait le charbon ?
Vous êtes tributaire du sort, mon pauvre ami. Il

a mille secrets pour vous tuer et vous n'en avez aucun pour vivre. Vous êtes-vous demandé ce que votre femme et vos enfants deviendraient sur la terre, s'ils perdaient le capital excellent et dévoué qu'ils ont en vous?

Parmi les coups nombreux, hélas! et terriblement variés que le destin suspend sur nos biens et nos vies, il en est quelques-uns que nous pouvons parer. Il en est aussi d'inévitables, mais qu'on peut réparer dans une certaine mesure. La sagesse consiste à éviter le mal par toutes les précautions possibles, et lorsqu'il est inévitable, à en assurer la réparation.

La plus belle assurance serait celle qui empêcherait l'incendie de dévorer les maisons, la tempête de jeter les navires à la côte, l'inondation d'emporter récoltes et villages, la maladie de tuer le bouvier et les bœufs avant leur vieillesse. Cette assurance-là, ou plutôt cette providence terrestre, c'est le progrès matériel, la victoire de l'homme sur les éléments. Si le progrès avait fini sa tâche et dit son dernier mot, nous n'aurions plus besoin des assurances réparatrices : tous les coups du destin seraient parés et tous les sinistres prévenus.

Un bon paratonnerre est la meilleure assurance contre le feu d'en haut, puisqu'il pare les
coups, préserve le capital et rend la réparation
inutile. Mais tant qu'on n'aura pas inventé quelque chose pour prévenir le feu d'en bas, le vulgaire incendie causé par l'allumette, le cigare ou
la bougie, chacun doit assurer la réparation
éventuelle de ses meubles et de sa maison. Les
charpentes de fer, qui s'emploient depuis quelque
temps, préviendront beaucoup d'incendies; on
les préviendrait tous, au moins dans les villes,
si M. Carteron ou quelque autre chimiste plus
heureux, trouvait le vrai moyen de rendre les
étoffes et les bois incombustibles. Jusqu'à ce que
le progrès ait résolu ce problème, la destruction
de tous vos biens sera possible : arrangez-vous
pour qu'elle ne soit pas irréparable. L'assurance
contre l'incendie n'est qu'un pis-aller, mais utile
et consolant.

La science a trouvé et prouvé qu'en reboisant
les montagnes, en barrant certaines vallées, on
pouvait prévenir le débordement des cours d'eau.
Voilà la première, la vraie assurance contre les
inondations. Mais il faudra du temps pour que le

progrès achève cette grosse besogne. En attendant, les riverains de la Loire, de la Saône, de
l'Isère et du Gard seraient bien heureux, je vous
jure, s'ils pouvaient s'assurer par un léger sacrifice contre la destruction trop probable de leurs
maisons !

La boussole, les ancres, les phares, les séma-
phores, les cartes marines, la télégraphie des
signaux, la vapeur qui abrége les traversées, voilà
les éléments d'une admirable assurance , qui
préserve en partie les capitaux confiés à la mer.
Si le progrès arrive un jour à réduire à zéro les
risques de mer, on n'aura plus besoin des assurances réparatrices, puisqu'il n'y aura plus de
sinistres à réparer, de bâtiments à reconstruire,
de capitaux à reconstituer. Malheureusement,
nous n'en sommes pas là : aussi les armateurs
assurent-ils navires et marchandises.

Peut-être un jour la météorologie arrivera-
t-elle à prévoir la grêle, les gelées tardives et
tous les caprices des éléments. Ne nous moquons
pas trop de M. Mathieu (de la Drôme) et des
hommes de bonne foi qui veulent déchiffrer le
grimoire du ciel. S'ils découvrent enfin les grandes

4·

lois cachées, on trouvera bientôt l'art de préserver nos grains, nos vignes et nos tabacs. Jusque-
là, le plus sage est d'adopter toutes les combinaisons qui garantissent au paysan la réparation
de ses pertes. Qu'il se rachète du fléau, tant qu'il
ne pourra pas s'en garer !

La vaccine est une assurance du même ordre
que les phares ou le paratonnerre. Elle nous pré-
munit, à peu de frais, contre une atteinte du sort
qui renversait souvent l'homme le mieux bâti et
ne se contentait pas de dégrader sa façade. Tous
les progrès de l'alimentation, de l'hygiène et de
la médecine ont pour but d'assurer l'homme et
les animaux contre la mort prématurée, de réduire l'écart prodigieux qui sépare la vie possible
de la vie moyenne. L'homme peut vivre jusqu'à
cent ans ; il y a des tribus sauvages qui ne vivent
que treize ou quatorze années en moyenne : l'é-
cart à supprimer ou du moins à réduire est là de
quatre-vingt-six ou quatre-vingt-sept ans ! Les
hommes les plus civilisés de notre globe vivaient
au plus trente ans l'un dans l'autre, en 1789. Le
progrès, en un demi-siecle, leur a signé à tous
une permission de dix ans : il a allongé d'un bon

tiers la vie moyenne en France et en Angleterre. Il ne s'arrêtera pas en si bon chemin, et l'écart de soixante ans qui sépare encore la vie moyenne de la vie possible se réduira de jour en jour.

Mais on ne pourra jamais le supprimer tout à fait ; les maladies, les accidents, les mille et une combinaisons de la fatalité ingénieuse à nuire, déjoueront éternellement notre pauvre sagesse humaine. Il y aura donc toujours des accidents à réparer, puisque nous sommes incapables de les empêcher tous. Donc il faudra toujours fonder des assurances réparatrices à côté des assurances préventives.

Les assurances préventives ne sont indiquées ici que pour mémoire, malgré leur incontestable supériorité. La théorie qui les embrasse se confond avec l'histoire de la civilisation. L'État lui-même est une société mutuelle contre certains dangers du dedans ou du dehors ; l'impôt n'est qu'une prime, une annuité proportionnelle aux avantages que le gouvernement nous garantit dans la mesure de ses pouvoirs. Le monde est plein de mécanismes plus ou moins ingénieux qui ont pour but de préserver l'existence de tous

les capitaux existants ; la charrue, le moulin, la
machine à coudre, les pompes à incendie, les
canons rayés, la guillotine, hélas! Voilà des instruments, pris au hasard entre mille autres, qui
tous ont pour emploi d'assurer votre capital interne ou externe contre la destruction. Je les
écarte une fois pour toutes, et je m'enferme dans
l'étude des assurances modestes, nouvelles et peu
connues qui se chargent de reconstituer immédiatement les capitaux détruits par le sort.

Supposez que le jour même où l'incendie a détruit une maison d'un million, tandis que les
pompiers, venus trop tard, inondent les cendres
fumantes, un bon génie, une fée, un être supérieur à l'homme, sorte de terre, une baguette ma-
gique à la main. La fée décrit un cercle, et à
l'instant même cent millions de centimes s'échap-
pent à la fois de cent millions de poches et
viennent reconstituer le million anéanti. Miracle!
dirait-on.

Pour le propriétaire, pour sa famille, ses amis,
ses correspondants, le désastre si subitement
réparé est comme nul et non avenu. Tout le bien
qu'un million aurait fait sans cet incendie se fera

malgré l'incendie : le capital de la société humaine ne sera pas sensiblement diminué. Je sais bien que, dans le fond, l'humanité sera moins riche d'un million, puisqu'il y aura ce soir un centime de moins dans cent millions de poches , mais comment un si grand corps se sentirait-il d'une perte qui est absolument insensible pour le plus humble individu? Aucun de ceux qui ont contribué de leur centime à la réparation du mal ne diminuera sensiblement son bien-être ou n'augmentera d'une quantité appréciable sa fatigue d'un seul jour. Le sinistre ainsi divisé se réduit à zéro. La perte d'un million devient inoffensive comme un gramme de digitaline perdu dans le lac de Genève. Isolé, le poison suffirait à tuer vingt personnes; mélangé, il n'incommodera pas un goujon.

_ La théorie des assurances est fondée sur ce principe.

IV

LA PART DU FEU

Je n'ai pas à prouver que l'homme, dès qu'il possède, désire conserver son bien jusqu'à la mort et le transmettre ensuite à ceux qu'il aime.

Mon lecteur sait aussi que tout déshérité souhaite un capital pour lui-même, et, au pis aller, pour ses enfants.

Nous avons passé en revue les divers coups de la fortune qui menacent entre les mains de l'homme tous ses biens nés et acquis. Vous connaissez comme moi les mesures particulières par lesquelles la civilisation ou le progrès empêche tant bien que mal la destruction des capitaux; il nous reste à chercher la meilleure méthode et la plus sûre pour reconstituer immédiatement les capitaux qui périssent tous les jours. Ce problème est de ceux dont la solution intéresse le bonheur de l'homme, car il n'y a pas de vie heureuse sans sécurité, et les biens qui peuvent nous échapper d'un instant à l'autre perdent la moitié de leur prix.

La sécurité dans la possession nous est si nécessaire que l'homme le plus avare sacrifie sans hésiter une partie de son capital pour prévenir la perte du reste.

Rien n'est plus précieux que la personne humaine ; tous les autres biens tirent leur prix du besoin qu'elle en a et de l'usage qu'elle en peut faire. Vous voyez, cependant, un homme sacrifier son doigt, son bras, sa jambe, une partie considérable de sa personne au désir de sauver le reste. Le chirurgien, avec la scie et le scalpel, est comme un pompier, la hache à la main, dans une maison menacée : il sacrifie la partie au tout ; il fait la part du feu.

Dans certaines occasions, la saignée par exemple, on sauve le capital par un prélèvement sur le revenu. Le sang est le revenu, le corps est le capital. Le corps fabrique du sang comme le capital produit des revenus ; mais c'est le revenu

accumulé par l'épargne qui a créé dans le principe tous les capitaux et tous les corps. Est-ce que
le corps de l'enfant n'est pas une épargne prélevée durant neuf mois sur le sang de la mère? Est-
ce que les millions de M de Rothschild, qui sont
un corps imposant et fécond, ne représentent pas
l'épargne accumulée par une série de travailleurs?
Cette fortune n'existerait pas et par conséquent ne
produirait rien, si la dynastie des fondateurs
avait consommé au jour le jour le fruit de ses
peines.

La France a ri, et très-justement, d'une théorie
médicale qui voulait mutiler les corps les plus
sains, comme qui ferait la part du feu dans une
maison où rien ne brûle.

TOINETTE.

« Que diable faites-vous de ce bras-là?

ORGAN.

Comment!

TOINETTE.

Voilà un bras que je me ferais couper tout à
l'heure, si j'étais que vous.

ORGAN.

Et pourquoi?

TOINETTE.

Ne voyez-vous qu'il tire à soi toute la nourriture, et qu'il empêche ce côté-là de profiter.

ORGAN.

Oui, mais j'ai besoin de mon bras.

TOINETTE.

Vous avez là aussi un œil droit que je me ferais crever, si j'étais en votre place.

ORGAN.

Crever un œil!

TOINETTE.

Ne voyez-vous pas qu'il incommode l'autre et lui dérobe sa nourriture? Croyez-moi, faites-vous-le crever au plus tôt, vous en verrez plus clair de l'œil gauche. » (*Le Malade imaginaire, acte III, scène* XIV.)

Dans la langue économique, le discours de Toinette se traduirait ainsi : « Sacrifiez cinquante pour cent sur un bien qui n'est pas en danger, pour vous assurer mieux la jouissance du reste. »

Molière et le public avaient raison de bafouer une théorie qui tendait à détruire sans nécessité une partie du capital humain. Mais le même public et le même Molière n'hésitaient pas à se faire saigner tous les ans, et sacrifiaient, sans marchander, par simple mesure de prudence, une partie du revenu dans l'intérêt du capital.

Pour créer, conserver, accroître, réparer les capitaux, à quelque espèce qu'ils appartiennent, la formule est toujours la même: rogner un peu sur le revenu. Mais il s'agit de le faire avec intelligence.

Tant que l'homme a rapporté les événements de sa vie à des causes mystérieuses et despotiques, il a offert au Destin, à la Divinité une partie de son bien, croyant racheter le reste. Il agissait ainsi par un vague instinct d'assurance, un pressentiment confus de la loi économique: retrancher un peu pour conserver beaucoup.

Le pasteur Mélibée disait, en immolant la plus belle brebis de son troupeau: « O Destin, père des dieux! je possède pour tout bien cent brebis à laine; mais elles ne m'appartiennent que sous

ton bon plaisir, et tu es leur maître avant moi.
Demain, si tu jugeais à propos de leur envoyer
la clavelée, il ne m'en resterait plus une. Arran-
geons-nous, veux-tu ? Contente-toi de celle-ci ; je
te l'offre humblement, dans l'espoir que tu me lais-
seras les quatre-vingt-dix-neuf autres. » La brebis
égorgée, il arrivait souvent que le Destin, mis en
goût, dévorait le troupeau tout entier. Et l'on re-
connaissait, mais un peu tard, que cette assurance n'était pas la bonne.

Polycrate, tyran de Samos, jouissait d'un bonheur insolent. On l'avertit de prendre garde au
Destin, de conjurer la jalousie du Sort, d'offrir à
la Fortune, et plus tôt que plus tard, une offrande,
un prélèvement, une part de son capital ou de
son revenu ; on lui persuada enfin de payer aux
puissances invisibles une prime d'assurance. Il
jette son anneau à la mer et se croit quitte. Mais
l'anneau revient sur sa table, au bout de quelques
jours, dans le corps d'un poisson mal vidé. Il pâ-
lit, c'est le Destin qui refuse de signer la police et
renvoie la prime comme insuffisante.

Vers la fin du siècle dernier, Jacques Bonhomme, paysan français, disait à son curé ; messire

Jean Chouart: « La vigne est belle cette année ;
j'aurai pleine vendange ; préparez vos tonneaux
à recevoir la dîme. Mais priez le bon Dieu qu'il
garde sa grêle en poche, car j'ai une famille à
nourrir et les impôts à payer, qui sont lourds. Et
si je vous abandonne un dixième de mon bien,
c'est à condition, morgué ! que vos prières m'as-
sureront les neuf autres ! » L'expérience a démontré que les prières de Jean Chouart ne pré-
servaient pas grand'chose, et que la dîmé, cette
prime de 10 pour 100, était la plus coûteuse et
la moins solide des assurances.

On voit encore çà et là, dans les pays d'ignorance et de superstition, des malheureux qui
croient assurer leur maison en brûlant un peu
d'huile au pied d'une image. Le bâtiment vaut
cent écus, la lampe de la madone consomme un
écu d'huile dans l'année. C'est toujours la part
du feu, la fraction sacrifiée dans l'intérêt du tout.
Mais il est constaté que ce genre d'assurance ne
prévient pas les incendies, au contraire : témoin
le drame épouvantable de Santiago.

Chez les peuples éclairés, le surnaturel est encore un sujet de discours, un thème proposé à

l'éloquence des hommes; mais, à voir le peu de
compte qu'on en fait dans la pratique de la vie,
vous jureriez que personne n'y croit plus. M.
l'abbé Chouart, après avoir prêché sur la divine
Providence, fait poser un paratonnerre au sommet
de son église et assure son presbytère à la meilleure Compagnie du département.

Les assurances antiques, qui avaient pour base
le surnaturel, corrigeaient l'incertain par l'incertain; elles opposaient aux caprices malfaisants
du sort les secours non moins problématiques de
l'invisible Providence. L'assurance moderne est
fondée sur une base naturelle, réelle, inébranla-
ble. Elle repose sur l'épargne individuelle et la
solidarité humaine. Elle dit à tous ceux qui possèdent: Retranchez quelque chose sur votre revenu mettez vos économies en commun. Vous
obtiendrez ainsi un fonds de réserve toujours
prêt, et grâce à ce capital éternellement disponi-
ble, les sinistres que la destinée pourra faire tomber sur vous seront pour ainsi dire réparés à
l'avance.

Si l'on vous donnait à choisir entre une rente
de 100,000 francs, périssable, incertaine, sujette

5

à certains accidents qui peuvent l'anéantir en un
jour, et un revenu de 99,000 fr., sûr, solide, à
l'abri de tout, libéré du hasard, je vous estime
assez pour croire que vous n'hésiteriez pas un instant. Consentir une réduction d'un centième sur
votre revenu, ce n'est pas vous priver ni limiter
la somme de vos jouissances. L'homme civilisé
économise au moins 10 pour 100 chaque année ;
je pourrais dire plus, car l'épargne annuelle de la
France s'élève à 4 milliards sur un revenu de
20 milliards ; soit 20 pour 100. Si vous avez l'in-
tention de vivre conformément à la logique et à
l'usage, votre dépense annuelle n'excédera pas
80,000 fr. ou 90,000 au plus sur une recette
de 100,000 ; vous placerez le reste. Eh bien ! le
billet de mille francs, que la saine raison vous
conseille d'abandonner, ne sera-t-il pas mieux
placé que tous les autres ? Les autres vous rap-
porteront de 20 à 100 francs par année, suivant
l'emploi que vous en aurez fait ; celui-là vous
rapporte la solidité de toute votre fortune, la sécurité de toute votre existence !

L'avare qui dirait : « J'aime mieux 100,000 fr.
que 99,000, parce que c'est un chiffre plus rond ;

je sais ce que je perds en sacrifiant 1,000 fr. chaque année, je ne sais pas ce que j'y gagne ; rien ne prouve que le destin me veuille du mal, j'ai confiance en mon étoile, » et autres raisons de même force, celui-là serait un joueur et un fou. Risquer le certain pour l'incertain, c'est jouer. Exposer aux caprices du sort 99 unités pour le plaisir d'en gagner une, c'est jouer le plus sot jeu du monde. Tout homme qui ne sacrifie pas un centième de son revenu pour s'assurer la possession du reste est un malheureux et un coupable. Non-seulement il s'expose lui-même, mais il risque une partie de la richesse publique, puisqu'une fraction du capital amassé par le travail des hommes périclite entre ses mains.

Si tous ceux qui possèdent des capitaux précaires (maisons, navires, etc.) épargnaient en commun pour les racheter du sort, l'antique Fatalité, si terrible aux premiers hommes, ne serait pas plus redoutée que les fétiches de l'Océanie et tant d'autres dieux de rebut. C'est notre imprévoyance et notre isolement qui font toute sa force, elle ne peut plus rien contre l'humanité économe et solidaire. Le sinistre qui ruine un

propriétaire ou un marchand n'est plus, même
une bagatelle, dès qu'il se distribue sur des
millions de marchands ou de propriétaires, tous
préparés à le subir. Émiettez le rocher de Sisyphe
et jetez-le contre le genre humain : à peine chacun de nous remarquera-t-il un grain de poussière sur le collet de son habit. Un naufrage de
mille tonneaux, un incendie de cinq étages, une
grêle, une épizootie, une inondation nous épou-
vantent encore aujourd'hui par l'horreur et l'é-
normité de leurs conséquences. Si ces malheurs
se répartissaient immédiatement sur tous les hommes, de façon que chacun en subît sa petite part,
la perte de dix millions ne ferait pas plus de victimes qu'un seau d'eau pris dans l'Océan ne met
de poissons à sec.

Ajoutez que le fonds de réserve excéderait nécessairement les besoins de chaque année, car il
doit être trop riche, si nous voulons qu'il le soit
assez. L'excédant annuel formerait en moins d'un
siècle des capitaux énormes qui deviendraient
une force en vertu de leur masse, et contribue-
raient puissamment au progrès de la civilisation.

Je me suis placé aussi haut que j'ai pu, afin

d'envisager la question dans son ensemble, sans souci des Compagnies et des intérêts individuels. N'allez pas croire au moins que je rêve la centralisation de toutes les assurances entre les mains d'un homme, d'une société ou d'un gouvernement! J'insiste sur le principe, qui est bon, admirable, souverain : que les hommes l'appliquent à leur guise!

L'expérience a prouvé qu'une modeste association, embrassant quelques milliers de propriétaires, allégeait déjà raisonnablement les sinistres par la division des risques. Il est facile de comprendre que plus les sociétaires seront nombreux, plus les risques seront divisés et les coups du sort amortis.

Nous avons aujourd'hui deux formes d'assurances : la mutualité et l'entreprise des Compagnies.

La mutualité a l'avantage de coûter presque toujours moins cher : les assurés ne déboursent chaque année que la somme nécessaire pour réparer les malheurs échus. Le défaut de ce système est qu'on entre dans une association sans savoir à quoi l'on s'engage. Le propriétaire d'une

maison de cent mille francs, pour garantir un capi-
pital fixe et identique, devra payer cinquante
francs cette année et cent cinquante l'an prochain. Tout dépend de la somme des maux qu'il
faudra réparer ; le versement ou la prime exigible
varie sans cesse au gré du hasard. Il suit de là
que les associés d'une assurance mutuelle ne ra-
chètent du sort que leur capital ; ils laissent à sa
merci une partie de leur revenu.

Les Compagnies à *primes fixes* sont des personnes à plusieurs têtes qui entreprennent à leurs
risques et périls la réparation des sinistres. Le pro
priétaire qui se livre entre leurs mains échappe
par ce fait à toutes les menaces du hasard. Il sait
dès le premier jour quel chiffre il devra prélever
tous les ans sur son revenu pour mettre son capital à l'abri. Il sait aussi que l'assureur a pris
toutes ses mesures pour réaliser un bénéfice au
bout de l'année.

Quand vous placez vos biens sous la protection
d'une Compagnie de capitalistes armés contre les
coups du sort, vous êtes dûment averti que votre
prime servira à trois choses :

1° A couvrir les sinistres qui tomberaient sur

vous et sur les autres assurés. C'est la solidarité
pure ;

2° A couvrir les frais d'une administration assez complexe; dépense rationnelle et dont la mutualité la plus désintéressée ne vous préserverait
pas ;

3° A enrichir très-probablement les capitalistes
qui vous ont garanti la possession de votre bien·

Un certain nombre d'assurés ne digèrent pas
facilement ce troisième chapitre. Cependant,
pour peu qu'ils raisonnent, ils sentiront que les
bénéfices de la Compagnie, si considérables qu'ils
puissent être, sont pour leurs intérêts un supplé-
ment de garantie. Aimeraient-ils mieux, par hasard, que l'assurance fît de mauvaises affaires et
restât désarmée contre le naufrage ou l'incendie?
Il faut comprendre aussi que les hommes intelli-
gents et riches n'aventureraient pas leur argent
et leur activité dans une telle entreprise sans l'espoir d'en tirer un légitime profit. Enfin que vous
importe le bénéfice qu'on pourra faire sur vous, si
l'on vous garantit une maison de deux millions,
rapportant 100,000 fr., de rente, moyennant un
sacrifice qui ne va pas au millième du capital, au

centième du revenu ? Tant mieux pour l'assureur
s'il peut mettre de côté le quart ou la moitié de
votre prime ! Quant à vous, vous avez échangé un
revenu incertain de 100,000 francs contre un revenu certain de 99,000, et vous avez fait une ex-
cellente affaire, comme je crois l'avoir suffisam-
ment démontré.

Un jour viendra peut-être où des Compagnies
aussi solides que les nôtres vous garantiront la
propriété de 1,000 francs moyennant une prime
de 10 centimes, et une maison d'un million pour
100 francs. Laissez faire le temps et la libre concurrence. Il est certain que la part du feu va
décroissant de jour en jour.

Quelques hommes d'un mérite incontestable
ont prêché la centralisation de toutes les assurances entre les mains de l'État. L'État, si je ne
me trompe, a déjà bien assez d'affaires. Il ne faut
pas le charger des entreprises que l'industrie
privée mène à bonne fin sans lui. Peut-être l'administration d'un grand pays, assurant par un
coup d'autorité les biens de 37 millions d'hommes,
serait-elle en mesure d'abaisser les tarifs. Mais
le tarif est peu de chose ; la grande affaire pour

l'assuré est la réparation des sinistres. Or, soit dit sans offense, le fisc a plus de goût pour les encaissements que pour les déboursés. Les fonctionnaires, que je respecte infiniment, ont un zèle effréné pour la chose publique. S'il faut les consulter, il y aura peu de naufrages qui ne soient transformés en actes de baraterie, et neuf incendiés sur dix seront traités d'incendiaires. Aujourd'hui, le malheureux qui poursuit la réparation d'un sinistre est sûr d'avoir les tribunaux pour lui contre les Compagnies. Il en irait peut-être un peu différemment si nous devions assigner l'État devant les juges institués par l'État. C'est pourquoi, restons comme nous sommes. Contentons-nous d'espérer que les Compagnies, stimulées par la concurrence, perfectionneront le jeu d'un mécanisme fort bon, quoique imparfait.

La grande majorité des Français connaît, goûte et pratique l'assurance maritime et l'assurance contre l'incendie. On essaye çà et là, avec quelque succès, l'assurance du bétail et l'assurance contre la grêle ; on cherche et l'on trouvera peut-être, malgré l'énorme difficulté de la chose, un système d'assurances contre l'inondation. Les cochers de

5.

Paris assurent leurs voitures contre les accidents
de la rue ; les négociants s'assurent contre les
faillites ; personne n'envoie plus mille francs par
la poste sans assurer ce petit capital. En un mot,
nous sommes sur la voie d'un nouvel ordre de
choses où tous les biens, sauf un, seront reconsti-
tués aussitôt que détruits. Le seul capital que
l'homme ne songe pas encore à assurer chez nous,
c'est celui qu'il porte en lui-même.

'V·

TRANSFORMATION DES CAPITAUX EN REVENUS ET
DES REVENUS EN CAPITAUX,
OU PLACEMENTS VIAGERS ET ASSURANCES SUR LA VIE,

Un vieillard de 75 ans, veuf, sans enfants et
n'ayant à vivre que pour lui, possède pour tout
bien un capital de 100,000 fr. Qu'en fera-t-il?
Son âge et ses infirmités ne lui permettent ni la
culture, ni le commerce, ni l'industrie. 100,000 fr.
seraient un levier puissant dans les mains d'un
jeune homme actif; sur les bras d'un invalide, ce
n'est plus qu'un fardeau. Le seul parti qu'il ait à
prendre, c'est de déposer ses écus au plus vite
chez quelque travailleur qui les fera valoir et par-
tagera le bénéfice avec lui. Le vieillard place son
capital, sans toutefois l'aliéner, et il se fait ainsi
environ 5,000 fr. de rente. Mais il ne tarde guère

à connaître que ce revenu ne lui suffît pas, 5,000 fr.
par an sont peu de chose pour un homme qui
doit être servi, ne pouvant plus rien par lui-
même. « En vérité, se dit-il, je ferais presque
mieux de manger mon capital au jour le jour. Je
suis à peu près sûr de mourir avant dix ans ; qui
m'empêche de diviser l'argent en dix parts égales ?
J'aurais par ce moyen 10,000 fr. de rente. Il est
vrai que je risque de laisser peu de chose après
moi, mais qu'importe ? Mon unique héritier, le
fisc, est assez riche pour que je n'aie aucun scrupule à le priver de mon bien. »

Comme il va s'arrêter à ce parti, survient une
Compagnie d'honnêtes millionnaires qui lui dit :

« J'achète votre capital. Donnez-moi vos
100,000 fr., et je vous servirai tous les ans, jusqu'au jour de votre mort, non pas 5, non pas 10,
mais 17,000 fr. de rente.

— Quoi ! Si même je vivais cent ans ?

— Quand même vous dépasseriez l'âge de Ma-
thusalem.

— Cependant, vous serez en perte avant la fin
de la sixième année !

— Je ne perdrai jamais, par deux raisons :

D'abord parce que j'ai proposé la même affaire à un grand nombre de vieillards, qui l'ont acceptée ; et supposé qu'un individu isolé parvienne à une longévité extraordinaire, la moyenne est soumise à des lois déterminées, connues, écrites, et mes calculs ne laissent aucune place à l'erreur. Ensuite parce que j'ai entrepris une série d'opérations parallèles qui ont pour effet d'accroître mes revenus en raison de la longévité des hommes. Tandis que je vous achète un capital en échange d'un revenu, j'achète des revenus en échange de capitaux. Les deux affaires marchent de front, mes chiffres sont établis à mon plus grand avantage d'un côté comme de l'autre, et quand un homme vous propose un marché en déclarant de bonne foi qu'il y gagne, vous pouvez vous en rapporter à lui. »

Le vieillard accepte, et s'en trouve bien jusqu'à sa dernière heure. Il jouit d'une certaine aisance, il s'entoure des soins qui prolongeront peut-être sa vie, ou tout au moins la rendront plus douce. L'acheteur de capitaux s'empare des 100,000 fr., et les met avec beaucoup d'autres. Il se forge un levier d'argent qui soulèverait au besoin le mont

Cenis, pour ouvrir un passage aux locomotives. .
Dans six années d'ici, quand même le vieux rentier toucherait encore ses 17,000 fr. de revénu, on
ne regretterait pas d'avoir fait affaire avec lui.
Ses 100,000 fr. ont prospéré dans des spéculations avantageuses et sûres ; ils valent peut-être
encore 100,000 fr. ou plus, quoiqu'on les ait
intégralement restitués.

Ajoutez que le vieillard a pu mourir deux ans,
un an, ou six mois après la signature de ce contrat. Auquel cas, les millionnaires se félicitent d'a-
voir acheté 100,000 fr. pour 34,000 ou 17,000 ou
8,500 fr. Bonne affaire, et parfaitement irrépro-
chable en morale. On n'a fait aucun tort au vieux
rentier ; on lui a procuré une augmentation de
revenus considérable ; on l'a empêché de détruire
son capital, comme il le voulait faire au préjudice
de tout le monde ; on hérite d'un bien qu'il ne
destinait à personne et qu'il ne pouvait pas emporter avec lui.

Voilà la théorie des rentes viagères. Inutile
d'insister sur un mécanisme simple, ingénieux,
moral, qui soulage la vieillesse, alimente l'industrie, préserve les capitaux du sommeil ou de la

mort, et sert ainsi la société. L'homme abuse des meilleures choses. On voit des égoïstes et de mauvais parents transformer leur capital en revenus pour déshériter leur famille au profit de leur ventre. Je n'y peux rien, ni vous non plus; mais soyez sûr que ces gens-là trouveraient un autre moyen de ruiner leurs proches si la loi leur interdisait les placements viagers.

La création des rentes viagères ou la cession des capitaux à fonds perdus peut devenir immorale et même dangereuse dans un cas déterminé. Que l'acquéreur ne soit pas une riche Compagnie, mais un individu besoigneux : voilà un homme directement intéressé à la mort d'un autre. Le jour même où il encaisse le capital de son rentier, il se promet de ne pas servir longtemps la pension convenue. S'il demande quelque chose à Dieu dans ses prières, ce n'est pas la santé pour lui-même, c'est une bonne maladie pour son innocent ennemi. Car un Volsque ou un Samnite n'a jamais été l'ennemi d'un Romain, comme un rentier solide et bien vivant est l'ennemi du pauvre diable qui lui paye ses rentes. Chaque jour ajouté à l'existence du vieux est une traite sur la bourse du jeune. Supposez que le capital vendu contre une rente soit intégralement remboursé depuis deux, ou trois ans, l'acheteur se sent dupe ou victime ; il n'est pas éloigné de croire qu'en tuant ce vieillard ruineux il serait dans le cas de légitime défense. Le fait est que je ne conseillerai jamais au bonhomme d'accepter un plat de champignons chez celui qui attend sa mort comme une quittance pour solde.

Cet inconvénient des rentes viagères ne pouvait échapper à l'attention des législateurs. Cependant, ils ont autorisé sans discussion le contrat dont je vous parle. Ils prévoyaient sans doute que dans un temps donné l'affaire ne se traiterait plus d'homme à homme, mais d'individu à Compagnie. Remplacez le pauvre diable avide et nécessiteux par une société de cent capitalistes : aussitôt, tout change de face. Chacun des associés gagnera peu de chose à la mort du vieillard ; sa vie, si longue qu'elle soit, ne leur imposera que des cotisations sans importance. Ils sont riches d'ailleurs. Enfin, et c'est le point capital, ils ne spéculent pas sur tel individu, tel fait particulier. Ils opèrent sur des masses ; tous leurs calculs

sont fondés sur une moyenne étudiée, connue,
contrôlée par l'expérience; ils savent qu'en dernière analyse et malgré quelques déceptions inévitables, leurs capitaux seront doublés. Voltaire
est mort bien vieux, malgré toutes ses infirmités
vraies ou feintes; de nos jours, le marquis d'Aligre
a donné un bel exemple de longévité. L'un et
l'autre s'étaient constitué des rentes viagères qui
leur furent payées longtemps; l'histoire ne dit
pas qu'ils aient ruiné les Compagnies: Pourquoi?
Parce que d'autres vieillards payaient, c'est-à-
dire mouraient pour eux. Si vous êtes jamais
entré dans un restaurant à quarante sous, vous
avez certainement remarqué deux ou trois individus qui mangeaient au moins pour trois francs.
« Diable! avez-vous pensé, voilà des ennemis que
le-traiteur doit prendre en haine. » Nullement,
pas plus qu'il ne prend en amitié les femmes ou
les malades qui mangent à peine pour vingt sous.
Il spécule sur une moyenne; son jeu consiste à
vendre dans une année cent mille dîners à
2 fr., qui lui coûtent 36 sous, l'un dans l'autre.
Mangez-lui 6 kilogrammes de pain par repas,
si vous pouvez; le cas est prévu : il empo-

chera, malgré vos dents, ses 20,000 fr. dans l'année.

Est-ce compris ? Je laisse les rentes viagères et je prends les assurances sur la vie, qui sont la même étoffe, vue à l'envers.

Le jour même où notre vieillard de 75 ans a échangé son capital de 100,000 fr. contre 17,000 fr. de rente, un jeune homme de 30 ans se présente dans les bureaux de la Compagnie. Celui-là n'a point chargé ses poches d'un capital pesant, et pour cause. S'il avait des capitaux, je crois qu'il n'en serait nullement embarrassé et qu'il saurait fort bien les faire valoir lui-même. Mais toute sa fortune est incluse dans le moule de son chapeau ; il ne possède que le savoir et l'imagination qui fermentent dans sa tête. Ses parents, à l'exemple de la laitière Perrette, ont placé leurs épargnes en lui, au lieu de les placer chez un notaire pour lui. En est-il plus pauvre ? Non, car il se fait, par un travail intelligent, des revenus considérables. Il est artiste, ou écrivain, ou employé supérieur dans l'industrie, le commerce ou la banque. Supposez-lui la spécialité qu'il vous plaira ; faites-en, si vous l'aimez mieux, un fonctionnaire public,

un directeur général, un préfet d'une précocité
remarquable. Avec ou sans uniforme, ce jeune
homme gagne plus de 20,000 fr. par an. S'il était
immortel et sûr de rester jeune comme les dieux
de l'Olympe, la ferme qu'il porte sur les épaules
représenterait un capital de 300,000 fr. pour le
moins[1]. Le malheur est qu'il peut tomber dans
son escalier et se casser la tête; auquel cas ce
beau capital ne vaudrait plus même 60 fr., le
prix d'un cheval abattu. Le meilleur et le plus
beau des hommes, une fois mort, est beaucoup
moins que rien. Non-seulement son corps ne représente aucune valeur appréciable, mais il met
ses héritiers en dépense. Les funérailles, l'achat
d'un terrain, la construction du plus humble
tombeau, les frais du deuil le plus modeste; ad-
ditionnez tout cela, et vous saurez la valeur toute
négative du cadavre humain.

Ces tristes vérités sont connues de tout le monde,
et pourtant le jeune homme aux 20,000 francs
de revenu n'a pas cherché bien loin pour trouver
une femme. Les familles se sont disputé l'avan-

1. On dirait 400,000 si l'homme n'était pas un capital qui
s'amortit tous les jours.

tage assez aléatoire de son alliance ; les mamans
lui ont jeté leurs filles à la tête. Il n'a trompé
personne ; on savait, à n'en pas douter, que tout
son capital était tributaire du hasard, mais
qu'importe ? Il est si naturel et si doux d'espérer !
Supposer qu'un homme jeune , sain, honnête,
intelligent, utile à la société, nécessaire à sa
famille, peut être escamoté en cinq minutes par la
mort, ne serait-ce pas un blasphème contre la
Providence? Le jeune homme s'est donc marié,
il est père, il répond désormais de deux ou trois
existences, et c'est le sentiment de cette douce
mais sérieuse responsabilité qui le conduit un
matin chez l'assureur.

Il a fait ses calculs en bon père de famille. Sur
un revenu moyen de 20,000 francs, il peut en
épargner deux mille dans l'année, sans imposer
aucune privation à ceux qu'il aime. S'il est assez
heureux pour vivre encore vingt-cinq ans, il mettra de côté 50,000 francs qui feront un total de cent
mille, grâce aux intérêts capitalisés. Non-seulement sa femme n'aura manqué de rien durant
vingt-cinq ans, mais il lui laissera les éléments
d'une modeste aisance. Ses enfants auront reçu

une bonne éducation, et de plus, chacun d'eux héritera d'un petit capital.

Mais s'il mourait dans cinq ans? dans deux ans? dans un an? aujourd'hui même? Car enfin le hasard ne lui a pas délivré de sauf-conduit. S'il mourait dans une heure, sa veuve et ses enfants tomberaient immédiatement dans la misère; les derniers devoirs à lui rendre épuiseraient ce qui reste en caisse sur les gains ou les appointements du mois dernier; peut-être la compassion d'un chef ou de quelques amis viendrait-elle au secours de la famille décapitée : lamentable espérance, et pleine de désespoir !

Il s'en va donc trouver les millionnaires qui ont entrepris en commun la réparation des coups du sort. « Me voilà, leur dit-il; j'ai trente ans, et vous pouvez juger que ma santé n'est pas mauvaise. Si je meurs avant la vieillesse, c'est qu'un accident m'aura tué. Je voudrais être sûr que le capital accumulé dans ma tête ne sera pas entièrement perdu pour mes héritiers. Je vaux 300,000 fr., puisque j'en rapporte 20,000, produit brut; combien me faudrait-il épargner chaque année pour mettre à l'abri du sort un tiers de ma va-

leur totale et laisser sûrement à ceux que j'aime
une somme de 100,000 fr. ?

La Compagnie s'assure d'abord qu'elle n'a pas
affaire à un malade condamné par les médecins;
puis elle consulte un *actuaire*, c'est-à-dire un
mathématicien versé dans le calcul des probabilités. Elle constate, chiffres en main, que le jeune
homme aux 20,000 fr. par an a encore devant
lui tant d'années de vie probable ; après tous ces
travaux préparatoires, qui n'exigent guère plus
d'une demi-heure, la Compagnie revient à son
client, et lui dit :

« Donnez-moi 2,500 fr, chaque année, et je
souscris sur l'heure, au profit de vos héritiers,
une obligation de 100,000 fr.

— Payable ?...

— Le lendemain de votre mort.

— Quoi ! si je mourais dans un an ?

— Si même vous mouriez dans huit jours.

— Cependant, si je meurs avant la fin de l'année, vous n'aurez reçu que 2,500 fr., et il vous
en faudra rendre 100,000 ! vous y mettriez du
vôtre, et beaucoup !

— Pas plus que je ne gagnerai sur vous si mon

étoile permet que vous viviez cent ans. Les Compagnies traitent avec l'individu, mais elles ne spéculent que sur la masse. Quand je m'engage à payer 100,000 francs le lendemain de votre mort, j'accepte une échéance incertaine ; mais si je fais la même affaire avec mille individus de trente ans, l'aléa disparaît, le hasard est éliminé, on ne peut pas même dire que je ponte contre le sort, car en vertu d'une probabilité qui équivaut à la certitude, je sais que dans une période de dix années mes encaissements dépasseront de beaucoup mes déboursés.

— Mais si le choléra ou quelque autre épidémie ?...

— Cela même est prévu. Lorsqu'une Compagnie vend mille capitaux contre des revenus viagers (ce que je fais avec vous), elle a soin d'acheter de l'autre main mille capitaux de même valeur contre des rentes viagères. Il est à peu près sûr que si le choléra tuait demain cent personnes dans notre clientèle, il y en aurait cinquante dont nous hériterions et cinquante dont les enfants viendraient chercher un héritage chez nous. Nos risques sont balancés, nous ne pouvons rien perdre. Et comme tous les calculs, dans l'un et l'autre cas, sont tournés à notre avantage, je vous déclare loyalement que, quoi qu'il arrive, nous serons en gain.

VI

J'ai lu je ne sais où (mais nous ne chercherons pas bien loin) l'affirmation suivante :

« En Angleterre, sur 100 têtes auxquelles l'assurance peut convenir, il y en a 70 assurées ; en France, on n'en compte pas une sur 10,000. »

L'auteur de cette affirmation ne peut être que M. Reboul, s'il n'est pas M. de Courcy. Ces deux Français sont les seuls jusqu'à ce jour qui aient écrit *ex professo* sur les assurances. Mes confrères de la presse parisienne ont imprimé dans les derniers temps vingt avis, tous favorables à cette institution, plus anglaise malheureusement que nationale. J'ai cru même reconnaître, à la précision lumineuse du style, un des princes du journalisme pratique, M. Michel Chevalier, dans un

article anonyme des *Débats*. Mais M. de Courcy et
M. Reboul ont seuls publié des livres. M. de Courcy
est un homme d'une grande expérience et d'une
illustre autorité.

M. Eugène Reboul est un jeune mathématicien
que les Compagnies sont allées prendre à l'Obser-
vatoire pour lui confier la partie scientifique de
leurs calculs. Il est leur actuaire et remplace
dans Paris cette académie des *actuaries* qui est un
des corps savants de Londres. En alignant des
chiffres, en pesant les probabilités de la vie et
de la mort, il s'est pris de passion pour son affaire : voilà comment il est devenu l'avocat, le
champion, le prophète endiablé des assurances
sur la vie. Son livre, qui a paru chapitre par chapitre dans l'*Opinion nationale*, m'a plus vivement
intéressé jadis que pas un roman feuilleton : il
respire une conviction, un enthousiasme, une
rage de progrès qui manque en général dans
les œuvres d'imagination pure. Rien de plus élo-
quent que les mathématiciens, quand par hasard ils sont éloquents. Grâce à M. E. Reboul et à
M. Alfred de Courcy, nous possédons deux excel-
lents volumes sur la question ; les Anglais en ont

toute une bibliothèque. Il est vrai que l'Angleterre a deux cents Compagnies qui s'occupent de
transactions viagères et nous dix. Ces chiffres
sont curieux ; j'espère qu'ils feront excuser ma
longue parenthèse, et je reviens au point de
départ.

On nous dit qu'en Angleterre il y a 70 têtes assurées sur 100 assurables, mais on ne nous dit
pas nettement quelles sont les têtes auxquelles
l'assurance convient. Est-ce la vôtre, est-ce la
mienne? C'est un point que je voudrais éclaircir.

Si l'on s'arrête à la superficie des choses, on
dira : « L'Impératrice des Français s'est assurée,
le prince de Galles s'est assuré; le Parlement anglais a décidé tout récemment que le pauvre journalier, moyennant un dépôt de quelques sous
par semaine, assurerait à ses héritiers un capital
de 500 fr. au moins et de 2,500 au plus. L'assurance convient donc aux têtes les plus hautes
comme aux plus humbles; donc tous les hommes
vivants sont assurables, sans exception.» Ce petit
raisonnement, qui ne manque pas de vraisem-
blance à première vue, est un sophisme parfait.
J'avoue que l'assurance sur la vie convient à cer-

tains riches comme à certains pauvres, mais il
ne s'ensuit pas que tous les riches et tous les
pauvres aient raison de s'assurer.

Y a-t-il des individus que leur âge, leur fortune
et leur isolement prédestinent, pour ainsi dire, à
vendre leur capital contre des revenus, c'est-à-
dire à se constituer des rentes viagères? Oui,
certes, et beaucoup. Il y a donc beaucoup
d'hommes qui agiraient directement contre leur
intérêt en contractant une assurance sur la vie;
car, l'assurance sur la vie est à la rente viagère
ce que le jour est à la nuit. Ces deux opérations
sont inverses; j'ai pris soin de vous expliquer que
l'une est précisément le contraire de l'autre.

Dans quelle occasion un homme est-il, non-
seulement excusable, mais louable d'aliéner son
capital pour se faire des revenus? — Quand il est
vieux, sans héritiers, et trop pauvre pour vivre à
l'aise, s'il plaçait son argent au taux légal. Voilà
trois conditions indispensables : Otez-en une
seule, et la constitution des rentes viagères devient impossible, ou immorale, ou absurde. Un
jeune homme de vingt-cinq ans ne songera jamais
à échanger ses capitaux contre des revenus via-

gers : il est assez valide pour les exploiter lui-
même, et en tirer au moins 10 %; il peut, dans
tous les cas, placer son argent à 5 ou 6 %, et tou-
-cher ses revenus toute sa vie sans aliéner le ca-
'pital. Enfin il ne trouvera pas une Compagnie qui
lui donne 17, ou même 10, ou même 7 % contre
l'abandon définitif de son capital entier, car il a
devant lui plus de quarante ans de vie probable
et l'on serait presque sûr de lui rembourser son
argent deux fois. Un père de famille, qu'il soit
riche ou pauvre, jeune ou vieux, ne peut aliéner
son capital au profit de son revenu, sans commettre une espèce de crime. Il doit à ses enfants
la nourriture, l'éducation et les instruments du
travail. S'il transformait un capital destiné à lui
survivre en revenus condamnés à mourir avec
lui, il serait le plus impardonnable des égoïstes,
car il exposerait sa famille à manquer de tout,
lui mort.

Enfin, pour épuiser les trois hypothèses que
j'indique, un millionnaire, fût-il vieux et sans
héritiers, n'aura jamais besoin de vendre ses capitaux contre des revenus, puisqu'il a, sans travail, 50,000 fr. de rente, et qu'il n'en faut pas plus

à l'homme le plus exigeant pour se donner toutes ses aises.

Il est probable que cette proposition renversée nous permettra de dire à quels individus convient l'assurance sur la vie. Si l'assurance est le con-traire de la rente viagère, il s'ensuivra, presque nécessairement, que l'assuré doit être jeune, avoir des héritiers et jouir d'un revenu supérieur à ses besoins. C'est ce que le raisonnement indique *à priori*, ét l'expérience n'en dément pas un seul mot, comme vous allez voir.

1º L'assuré doit être jeune. Il n'y a pas de Compagnie qui consente à assurer la vie d'un homme de quatre-vingt-dix ans. Quelle que soit la vigueur de sa constitution, fût-il même du bois dont la nature fait les centenaires, il a dépassé les limites de la vie moyenne et même de la vie probable; or, toutes les Compagnies établissent leurs calculs sur des moyennes et des probabilités. La nature, l'hygiène et les soins d'un bon médecin pourront soutenir encore dix ans cette existence condamnée par la statistique : tant mieux! Mais une Compagnie opère sur des masses et ne saurait compter sur les exceptions. Aux yeux des assureurs, le plus robuste des nonagénaires, comme le plus débile, a presque cent chances sur cent de mourir dans l'année ; on est presque certain de rembourser, au bout d'un an, la somme qu'il prétend assurer sur sa tête ; il devrait donc, pour laisser 100,000 francs à ses héritiers, payer une prime annuelle d'environ 100,000 francs, ce qui est absurde. Passé un certain âge, l'homme ne vit que par grâce, ou, en autres termes, par hasard. C'est pourquoi l'assurance (ou élimination du hasard)n'a rien à voir dans ses affaires. Celui qui n'a pas plus d'un an de vie probable serait fou d'acheter un capital contre des revenus, puisque chaque revenu à payer de sa bourse égale à peu de chose près le capital qu'il veut acquérir. Mais, les mêmes 100,000 francs qu'un octogénaire ne saurait acheter pour sa famille sans retrancher environ 100,000 francs de son revenu annuel, ne coûtent plus que 3,600 francs par an à un homme de quarante-trois ans. Un jeune homme de trente les achète pour 2,500 francs, à prendre chaque année sur le produit de son travail.

Plus l'acheteur est jeune, plus on lui vend les 100,000 francs à bon marché, et c'est justice.

D'abord, il versera *probablement* entre les mains
de la Compagnie un plus grand nombre d'annuités ou de revenus. En second lieu, l'échéance
des 100,000 francs, c'est-à-dire la mort de l'assuré, est d'autant plus éloignée *probablement* qu'il
est plus jeune. Or, chacun sait que 100,000 fr.,
payables dans quatorze ans et soixante-quinze
jours, ne valent que 50,000 francs aujourd'hui,
puisque 50,000 francs, placés aujourd'hui à 5 %,
intérêts composés, se doublent en quatorze ans
et soixante-quinze jours. Un capital, toujours
à cinq, se quintuple en trente-trois ans. Donc,
100,000 francs n'en sont plus que 20,000, au
point de vue de la Compagnie, si elle a trente-
trois ans pour payer. Mille francs à verser le
10 septembre 1865 ont la même valeur que CENT
TRENTE ET UN MILLE francs à donner dans un
siècle, c'est-à-dire le 10 septembre 1965 ! Assu-
rez-vous dans votre jeunesse, et les Compagnies
vous vendront des capitaux énormes contre des
revenus insignifiants. Et ce faisant, elles trouve-
ront encore moyen de réaliser un gros bénéfice,
parce qu'elles font de l'argent avec du temps.
Chaque minute de votre vie, chaque battement

de votre cœur ajoute quelques parcelles à ce capital toujours croissant, que l'assureur accumule au profit de vos héritiers, sans s'oublier lui-même.

2° L'assuré doit avoir des héritiers. L'armateur, qui assure une cargaison contre le naufrage, le propriétaire qui assure un immeuble contre l'incendie, le cultivateur qui assure une récolte contre la grêle, l'éleveur qui assure un troupeau contre l'épizootie, peuvent tous être célibataires. Chacun d'eux garantit contre les coups du sort un capital à son usage, placé hors de lui, et dont il a besoin pour l'aisance ou la sécurité de sa vie. Mais celui qui porte ses capitaux en lui-même, le fonctionnaire, l'artiste ou l'employé qui a sa fortune dans son cerveau, sait bien pertinemment qu'il ne pourra survivre à la perte de son bien. Il est persuadé qu'il n'aura plus besoin de rien pour lui-même le jour où la mort tarira la source de ses revenus. Ce n'est donc pas dans un intérêt personnel qu'il songe à racheter du sort le capital qui le fait vivre. S'il était orphelin, célibataire et sans enfants, en un mot, seul au monde, il pourrait vivre au jour le jour, consom-

mer la totalité de ses revenus, et dire comme
Louis XV, et plus légitimement : Après moi le dé-
luge ! Mais si j'ai des enfants légitimes, ou naturels, ou adoptifs ; si j'ai tout simplement une
femme appelée à me survivre parce qu'elle est
plus jeune que moi ; ou même une vieille mère
sans autre bien que les aliments, la pension, la
subvention que je lui sers, je suis directement
engagé à garantir contre le sort la ressource de
ces précieuses existences : moi qui suis leur capital en chair et en os, j'épargne sur mes revenus
de quoi leur assurer un capital en argent qui me
supplée au besoin et les nourrisse à ma place.

La famille naturelle n'est pas la seule qui intéresse un homme de bien. J'en sais beaucoup, et
des meilleurs, qui se donnent une famille d'élec-
tion. Qu'est-ce qu'une fondation de charité ou de
bienfaisance ? une famille artificielle créée par un
chrétien ou par un philosophe de bonne volonté.
Les Monthyon, les Bordin et leurs émules sont des
pères qui ont choisi leurs enfants. L'un adopte
par anticipation les cœurs les plus généreux, les
êtres les plus dévoués qui naîtront durant toute
une série de siècles ; un autre achète, pour quel-

ques milliers d'écus, une longue postérité d'écrivains, sinon sublimes, au moins corrects et élégants. La veuve d'un modeste architecte, madame Leprince, si j'ai, bonne mémoire, s'assure par contrat la reconnaissance de tous les élèves en architecture qui reviendront de Rome à Paris. En les aidant à traverser cette année du retour, autrefois si difficile, elle attire sur son nom une bénédiction filiale qui se renouvellera tous les ans. Et, sans viser si haut, l'anonyme qui fonde un lit dans un hôpital ne fait-il pas un acte de paternité sublime? Il sait qu'à moins de cataclysme invraisemblable, sa sainte volonté survivant à son corps soulagera éternellement un malade. Faire le bien pendant des siècles, n'est-ce pas, je vous le demande, dérober la bienfaisance et l'immortalité des dieux? Voilà comment le plus humble d'entre nous peut marquer son passage sur la terre, et consacrer, par un service impérissable, la solidarité qui l'unit à tous les hommes présents, passés et futurs. Une modeste épargne prélevée sur nos revenus annuels opérera, l'assurance aidant, cette œuvre de prévoyance.

3° Mais il faut, pour cela, que l'assuré jouisse d'un revenu supérieur à ses besoins. Consultez à la fois vos ressources, votre dépense normale et votre âge, et n'entreprenez pas de laisser un capital en disproportion évidente avec votre gain annuel. Avant tout, il faut vivre et faire vivre ceux qui comptent légitimement sur vous. L'homme qui se prive du nécessaire se suicide et fait mal. Affamer votre maison pour laisser un plus gros capital, c'est immoler le présent à l'avenir, le certain à l'incertain ; c'est, dans beaucoup de cas, saper les bases de la famille et vous détruire vous-même dans le cœur de vos enfants. Je pourrais écrire ici le nom d'une fort noble dame qui, par des miracles de parcimonie, a racheté le château de ses pères. Son fils, qu'elle privait du nécessaire, a mal tourné ; sa fille, faute de dot, est restée fille. Ces deux enfants détestent leur mère qui les enrichit malgré eux, au détriment de toute leur vie. La pauvre femme de bien s'est aperçue, hélas! trop tard, que pour refaire sa maison elle avait défait sa famille.

Il faut du discernement en toutes choses, et même dans l'épargne et la prévoyance.

Supposez qu'un homme de trente ans se fasse par son travail un revenu de 20,000 francs. Il estime à 300,000 francs son capital intérieur, et il n'a pas tort. Mais fera-t-il sagement d'assurer contre la mort le total de sa valeur personnelle ? Non, car il faudrait pour cela engager la moitié de son revenu actuel, restreindre sa vie, lésiner sur le bien-être de sa femme, et sans doute aussi sur l'éducation de ses enfants. Ajoutez qu'en signant la promesse de payer 10,000 fr. par an, il préjugerait trop de sa santé, de sa vigueur, des circonstances favorables où il se trouve aujourd'hui, et de mille autres choses éventuelles. Que dans six ou sept ans son revenu se trouve réduit de moitié, il devra vivre de l'air du temps, ou renoncer à son assurance, ou transiger avec la Compagnie. Pour se garder trop bien contre les coups du sort, il donne au sort trop de prise sur lui, comme un homme qui se découvre en tierce pour avoir violemment paré quarte. Le parti le plus sage est de ne consacrer à l'assurance que l'excédant normal et certain de nos revenus. Par cette méthode on n'assure, il est vrai, qu'une fraction du capital humain, mais on l'assure plus solidement que si on voulait en trop faire.

Ces principes généraux sont applicables à toutes les fortunes : être jeune, ou du moins n'être pas vieux : avoir des héritiers soit légitimes, soit naturels, soit adoptifs ; prendre sur le superflu de chaque année les versements consacrés à l'assurance : voilà dans quelles conditions l'homme prévoyant et bon sème des revenus, dont il pourrait jouir, pour récolter des capitaux dont il ne profitera pas lui-même.

Je n'ai pas besoin de vous faire observer que le superflu est chose relative. Un ouvrier qui gagne six francs par jour, et qui n'en dépense pas plus de cinq pour les divers besoins de sa famille, a 365 francs de superflu par an. Un lord qui tient son rang sans dépenser plus de 10,000 livres sterling sur un revenu de 20,000, peut tabler sur un superflu de 250,000 francs.

Il nous reste à passer en revue les diverses professions ou situations de la vie dans lesquelles un chef de famille jeune et à l'aise est plus particulièrement prédestiné à l'assurance sur la vie.

L'assurance sur la vie s'adresse avant tout et surtout aux chefs de famille qui possèdent un re-

venu sans capital. Depuis le travailleur logé en
garni, qui a ses bras pour toute fortune, jusqu'au
souverain électif, qui abandonne tous ses biens à
l'État contre plusieurs millions de liste civile, on
rencontre à chaque étage de la société des hommes dont tout l'avoir consiste en revenus. Sur
cinq cent mille fonctionnaires qui font tant bien
que mal les affaires du peuple français, il y a certainement plus de cent mille individus qui portent tout avec eux, comme le philosophe Bias; en
d'autres termes, qui vivent strictement de leurs
places. Chacun d'eux épargne *par ordre* une partie
de son revenu ; l'État, qui les emploie, leur impose non-seulement la prévoyance, mais encore
la solidarité; il se fait le caissier de leurs économies obligées, il assure le pain de leur vieillesse;
il partage entre les survivants le pécule laissé par
les morts. Tel est le mécanisme utile et ingénieux
de la Caisse des retraites : il ne permet pas qu'un
serviteur public puisse manquer de pain sur ses
vieux jours, après avoir consacré sa vie à l'État.
Mais la femme et les enfants du fonctionnaire
sans fortune? Avec toute la justice et toute la
bonne volonté du monde, l'État ne peut les pren-

dre tous à sa charge. Il accorde des pensions, des
bureaux de tabac ou de timbre, des bourses dans
les lycées, et autres faveurs que je ne veux pas
déprécier, mais dont l'insuffisance éclate à tous
les yeux. Cependant, la nation fait pour les héritiers de ses fonctionnaires ce qu'elle peut et ce
qu'elle doit. Si un chef de bureau trouve bon de
tirer sa portraiture en vif à douze exemplaires,
c'est à lui d'assurer l'avenir d'une si belle famille; les contribuables n'ont pas commandé la
douzaine, de quel droit viendrait-on la leur mettre sur les bras?

· Chef de bureau, mon digne ami, ayez pour vos
enfants la prévoyance que l'État vous a imposée
pour vous-même; assurez leur éducation comme
on vous force d'assurer le pain de vos vieux jours.
S'il y a dans le monde un tributaire naturel des
Compagnies d'assurances, c'est vous. Vous êtes
assurable au premier chef.

Les employés de l'industrie, du commerce et
de la finance deviennent plus nombreux de jour
en jour. Les petits ateliers, où le travail se faisait
à la main, disparaissent peu à peu devant les machines et la vapeur des manufactures; l'artisan,

qui était un petit capitaliste, se transforme en ouvrier ou en contre-maître; il gagne davantage.
mais il court plus de dangers, le chômage lui fait
plus de mal, ses revenus sont plus précaires, et il
ne possède généralement que des revenus. Les petits marchands, qui vivotaient sur un petit capital,
sont tués par les grands magasins, par ce commerce
à coups de millions qui est devenu la loi de notre
époque. L'employé de ces puissantes maisons,
qui finissent par tout absorber, gagne de beaux
revenus sans courir aucun risque de commerce,
mais la plupart du temps il n'a point de capital.

  Ajoutez à cette liste les employés de banque et
de bourse, toute une population intelligente, active et dépensière, qui n'a point de capitaux, mais
qui gagne des revenus souvent énormes dans le
commerce de l'argent. Voilà peut-être, en somme,
un million d'individus qui se marient, se multi-
plient, endossent la responsabilité de plusieurs
vies précieuses et intéressantes, sans songer que
tout leur avoir se réduit à des revenus, que
la source de leur aisance est en eux, qu'elle sera
tarie le jour de leur mort, et qu'ils peuvent mourir aujourd'hui même.

Ils savent bien pourtant que le pays, n'étant pas leur débiteur direct, ne se chargera point de leurs familles; que l'usine ou la maison de commerce, personne impersonnelle, si j'ose ainsi parler, composé mobile d'intérêts aveugles et mathématiques, ne s'intéressera pas plus à eux que le grand ressort d'une montre aux débris d'un rouage usé; ils savent que la veuve la plus laborieuse et la plus capable ne pourrait gagner sa vie sans miracle en 1865, et que les jeunes gens sans instruction ne sont propres qu'aux métiers infimes de journalier, de manœuvre; ils ont peut-être connu, par leur expérience, cette lamentable condition de l'homme instruit, capable, actif, propre à tout, mais réduit à se croiser les bras toutes les fois qu'un maître ou un patron lui manque, parce qu'il n'a pas en sa possession cet instrument de travail libre qu'on nomme le capital; ils ont enfin sous les yeux l'exemple de l'Angleterre, où leurs égaux, leurs confrères, les hommes dans leur situation, n'oublient jamais d'assurer leur vie pour faire un capital à leurs héritiers!

Pourquoi ne suivent-ils point un exemple si

frappant? Ne me le demandez pas; je n'en sais rien. Ne les interrogez pas eux-mêmes; ils seraient encore plus embarrassés de vous répondre. Ils appartiennent à la première catégorie des assurables, comme le chef de bureau et tous les employés du Gouvernement; ils le savent, ou du moins ils devraient le savoir. *Nul n'est censé ignorer la loi* écrite dans les Codes, à plus forte raison cette loi naturelle, qui s'écrit spontanément dans le cœur de l'homme. Mais comment voulez-vous qu'ils pensent à l'avenir de leurs femmes et de leurs enfants, quand ils ont à peine un instinct de conservation personnelle? Le Français vit au jour le jour; il ne sait pas pour qui l'on a fondé des sociétés de secours mutuels; il entend dire qu'il y a une caisse de retraites pour la vieillesse, mais tâchez de lui persuader qu'il ne sera pas toujours jeune! .

VII

Après les employés publics et privés, la loi de l'assurance embrasse les artistes, les écrivains, tous ceux qui tirent de leur cerveau un revenu à leurs besoins.

La mort frappe indifféremment un grand peintre ou un gros propriétaire, mais ses coups ne portent pas toujours de la même façon. Le millionnaire expirant transmet ses capitaux aux mains d'un fils ou d'un neveu qui n'aura pas de peine à remplacer le défunt sur la terre ; on peut même espérer que dans plus d'un cas l'héritier, jeune et vaillant, maniera le levier avec plus de vigueur ou d'adresse. Mais, celui qui possède pour tout bien sa plume ou ses pinceaux? J'admets, si vous voulez, qu'il en tire bon an, mal an, plus de cent mille francs de rente ; que laissera-t-il à ses enfants?

Je ne veux pas exagérer les misères d'une condition qui devient meilleure de jour en jour. Le
temps n'est plus où les artistes et les écrivains
les plus illustres travaillaient pour la gloire, et
flattaient pour du pain. Le public, notre seul
maître, est plus éclairé et plus généreux que les
grands seigneurs et les rois de l'ancien régime;
il rétribue largement ceux qui l'instruisent ou
qui l'amusent. Les vrais peintres, comme Meissonier, Leys et Gérome, gagnent sans se tuer
100,000 francs par an; les Auber, les Dumas, les
Hugo encaissent des revenus énormes. Le droit
proportionnel établi dans les théâtres transforme
un bon drame en domaine et un joli vaudeville
en ferme de rapport. Un livre qui se réimprime
devient un capital comme une maison solidement
bâtie, et la loi qu'on nous fait sur la propriété littéraire rendra bientôt cette richesse transmissible
aux héritiers de l'auteur.

Mais il y aura toujours dans la littérature et
dans l'art des catégories condamnées pour ainsi
dire à ne gagner que des revenus. Le journaliste,
par exemple, ce porte-lumière de notre siècle,
vit et vivra longtemps au jour le jour. Il est bien

7.

payé quelquefois, sans que jamais la récompense
puisse être comparée aux services rendus; mais
il mange le soir, sauf de bien rares exceptions,
ce qu'il a gagné le matin. Nous avons vu depuis
quelque temps les peintres-journalistes, ces mille
imitateurs de l'inimitable Doré, qui sèment leurs
compositions dans les feuilles publiques. Presque
jamais ces artistes populaires n'arrivent à se
créer un capital, quoiqu'ils gagnent souvent des
revenus considérables. C'est que l'œuvre sortie
de leurs mains, bien ou mal payée, ne leur appartient plus : le plus fécond d'entre eux, comme le
plus intarissable des écrivains au jour le jour,
vit à la condition expresse de toujours produire;
la vieillesse et la lassitude épuiseront tôt ou tard
la source de leurs revenus, et si la mort vient les
frapper en pleine jeunesse, dans le coup de feu de
la production, ils ne laissent à leurs héritiers
qu'un nom brillant et honorable, mais terriblement improductif.

Je ne plains pas nos ténors à dix mille francs
par mois; il faudrait pour cela un excédant de
sensibilité qui me manque. J'aime mieux les
applaudir quand ils chantent juste, ce qui arrive

quelquefois. Les plus sages d'entre eux épargnent
sur ces revenus énormes et se font des capitaux
importants, mais n'y aurait-il pas un plus haut
degré de sagesse? Il est beau de mettre à part
vingt mille francs par an, pour se faire en cinq
ans un capital de cent mille ; mais quand on ne
sait pas ce qu'on a de temps à vivre, quand
l'énorme revenu dont on jouit présentement
peut être supprimé ou du moins fort réduit par
le moindre courant d'air ; quand on ignore enfin
si l'on pourra créer cent mille francs en mettant
vingt mille sur vingt mille, n'est-il pas plus prudent de raisonner comme il suit :

« J'épargnerai vingt mille francs par an, tant
que mon revenu le permettra, c'est chose convenue. Mais je n'en porterai plus que dix-sept
mille cinq cents chez mon banquier, me condam-
nant ainsi moi-même à travailler huit mois de
plus pour former un total de cent mille francs.
Les deux mille cinq cents francs détachés de mon
épargne annuelle seront versés dans la caisse
d'une Compagnie d'assurance; ils entreront dans
un bloc d'intérêts solidaires et garantis les uns
par les autres : moyennant quoi, je puis mourir

quand il plaira à la destinée; mes héritiers re-
cueilleront après moi : 1° la somme plus ou moins
forte que j'aurai accumulée chez le banquier par
un versement de dix-sept mille cinq cents francs
plus ou moins répété; 2° la somme fixe et inva-
riable de cent mille francs qui leur est assurée,
c'est-à-dire acquise positivement, sans réduction
possible, dès mon premier versement de deux
mille cinq cents francs. »

Mais à l'heure où j'indique cette spéculation si
facile, si simple, si logique, si manifestement
avantageuse, les neuf dixièmes des artistes et
des écrivains heureux gaspillent leur épargne
en objets mobiliers, bijoux et bimbelots de toute
sorte; ils se font un capital fragile, sujet à mille
causes de dépréciation et à tout le moins improductif.

Si tous les hommes nés pauvres, c'est-à-dire
sans instrument de travail, et arrivés par une
volonté énergique à se créer des revenus, en-
traient résolûment dans la voie de l'assurance,
chacun d'eux ferait souche de capitaliste; chacun épargnerait à ses enfants les fatigues et les
souffrances qu'il a traversées lui-même, leur per-

mettant ainsi de produire mieux et plus vite
et plus abondamment que lui ; et la quantité de
bien réalisé sur terre croîtrait pour ainsi dire en
progression géométrique. Et l'on éviterait ainsi
l'énorme déperdition de forces qui a lieu ici-
bas, au grand désespoir de l'économiste et du
philosophe, quand des millions d'individus
bien portants et courageux se croisent les bras
faute d'outils, de leviers ou de capitaux : c'est
tout un.

M'avez-vous bien compris? Je l'espère. Et
j'aborde une autre explication des assurances
sur la vie. Non-seulement elles créent les capitaux, mais elles les préservent de la destruction.
Ce qui me reste à dire ne s'adresse plus à l'homme
qui a des revenus sans capitaux, mais au capitaliste honnête, prudent et bon qui veut, dans
l'intérêt de la famille, de la patrie et de la société en général, laisser un capital intact après
lui.

Disperser les capitaux, c'est les détruire ; je l'ai
expliqué assez longuement au début de ce travail
pour n'avoir plus à le répéter. Or la loi des suc-
cessions, telle que la Révolution nous l'a faite,

tend à pulvériser incessamment tous les capitaux
français. Le créateur d'un domaine foncier,
d'une mine ou d'une maison de commerce, est,
placé dans cette alternative : n'avoir qu'un seul
enfant, et risquer 50 % de mourir sans héritier,
ou savoir que le domaine, l'usine, la maison
de commerce ne survivra point à son fondateur.
Ayez seulement deux héritiers directs, votre
bien sera morcelé; votre château court risque
d'être démoli, votre maison vendue, votre commerce arrêté. C'est en vain que par préférence
naturelle ou par discernement d'homme pratique
vous léguez le château, la boutique ou l'usine au
meilleur ou au plus capable de vos enfants; le
tribunal annulera vos dernières volontés, si elles
excèdent la latitude fort étroite qui vous est per-
mise par la loi.

Il suit de là que les capitaux les plus énormes,
et partant les plus productifs, se morcellent fata-
lement au décès de leur créateur. La mort ne se
contente pas d'abattre les hommes, elle arrête les
manufactures, elle liquide les maisons de commerce, elle découpe les plus belles exploitations
agricoles, elle oblige les fils à recommencer sur

nouveaux frais l'œuvre accomplie par le père.
Recommencer ést dur quand on n'aurait qu'à
continuer.

Or nous vivons dâns un temps de libre commerce où les plus grandes nations de l'Europe et
de l'Amérique se battent à coups de capitaux sur
le terrain de l'industrie. La victoire est assurée
d'avance au peuple qui mettra le plus de capitaux
en ligne; nos adversaires le savent bien; ils
laissent au père de famille des pouvoirs presque
sans limites pour maintenir et consolider après
lui l'intégrité de son capital. Quant à nous,
esclaves obstinés des sottises de 93, nous morcelons, morcelons, morcelons la richesse privée,
sans comprendre que ce principe démocratique
est la négation de la liberté, que ce système économique est la ruine de l'agriculture, du commerce et de l'industrie.

En attendant que nos lois se réforment, le capitaliste intelligent est réduit à les éluder.

Comment instituer un majorat sans injustice?

Comment laisser intacte aux mains d'un seul
héritier la fabrique ou la maison de commerce
qu'on a fondée avec tant de peine?

Par quelle ruse honnête un père de dix enfants peut-il léguer son château à tel ou tel de
ses fils?

Ces problèmes sont tous résolus par l'assurance
sur la vie, et voici comme. La loi qui intervient
dans la répartition de vos capitaux après la mort
vous laisse maître absolu et sans contrôle de tous
vos revenus. Vous pouvez les consommer jusqu'au dernier centime; vous pouvez tout aussi li-
brement les donner à qui bon vous semble,
étranger, parent ou ami. Soit un père de deux
enfants, qui veut laisser son château à l'aîné,
sans faire tort d'un centime au cadet : il estime
l'immeuble, et juge, par exemple, que c'est
un bien de 200,000 francs. Aussitôt il assure
200,000 francs sur sa tête au profit de son fils
aîné. C'est une épargne annuelle de 5,000 francs [1]
qu'il s'impose : n'est-il pas en droit d'épargner?
Ces 5,000 francs dont il se prive, il les donne à
l'aîné de ses enfants; personne n'y peut trouver
à redire. En échange de ce revenu qui lui appartient désormais, le fils aîné achète un capital de

---

[1] Plus ou moins, suivant son âge — ici on suppose un père
âgé de trente ans.

200,000 francs, payable à la mort de son père. Il aura donc un jour le moyen de payer la maison paternelle sans que le patrimoine de son cohéritier soit diminué d'un sou.

Remplacez le château par une manufacture, la vanité aristocratique par la sagesse d'un grand industriel. Un père peut toujours épargner sur ses revenus une somme assez forte pour constituer, l'assurance aidant, un capital en dehors, non-seulement en dehors de sa fortune, mais notez ce point-ci : en dehors de tout partage. Chaque somme versée entre les mains de l'assureur est portée à l'avoir du bénéficiaire, et non du déposant. Elle appartient au fils désigné et non au père. La succession du père n'a rien à réclamer, ses créanciers eux-mêmes ne pourraient rien prétendre sur le capital acheté contre des revenus, puisque les revenus, l'un après l'autre, avaient été donnés au fils.

Ce mécanisme ingénieux de l'assurance permet au chef de maison de choisir son successeur entre plusieurs enfants, sans déshériter personne. Il permet d'assurer le sort d'un enfant naturel sans écorner le patrimoine des fils légitimes. Il permet de doter une fondation littéraire, charitable ou religieuse, sans dépouiller (comme on l'a vu trop souvent) la famille du bienfaiteur. Que ne permet-il pas? Il permet au jeune homme actif d'emprunter un capital important sans autre hypothèque que sa tête. « Je vous confie cent mille francs, parce que je vous sais honnête et capable ; mais vous pouvez mourir avant le succès et compromettre une partie de mes fonds ; couvrez-moi par une assurance ; engagez-vous à nourrir sur vos revenus annuels la somme qui, en cas de malheur, m'indemniserait de mes pertes. »

Le lecteur voit assez que l'assurance sur la vie, sans être une panacée universelle, peut rendre de grands services à l'humanité. Elle fait des capitaux pour ceux qui n'en ont pas ; elle remplace immédiatement, comme par miracle, un capital qui périt ; elle est l'auxiliaire le plus utile, le plus actif et le plus inoffensif du travail et de l'épargne.

Mais l'institution la plus inoffensive a ses défauts et ses dangers. Celle que j'entreprends de vous montrer sous toutes ses faces a été l'objet de critiques sévères. Voyons le mal qu'on en peut dire.

VIII

DANGERS ET DÉFAUTS DE L'ASSURANCE

La perfection n'est pas de ce monde; voilà qui est bien entendu. Tous les hommes ont leurs défauts; toutes les institutions humaines pèchent par quelque côté. Si l'assurance échappait à cette loi universelle, il s'ensuivrait qu'elle est descendue du ciel et qu'elle peut y remonter un jour ou l'autre, ce qui n'est point à souhaiter.

On a vu des capitaines au long cours, de concert avec l'armateur, jeter leurs navires à la côte après avoir vendu tout ou partie de la cargaison. Ils vont ensuite à l'assureur et se font payer tout, cargaison et navire. Ce crime, que la loi punit sous le nom de baraterie, est un déplorable fruit de l'assurance maritime. Personne n'eût jamais songé à le commettre si l'assurance n'était pas

inventée. Mais est-ce une raison pour condamner
l'assurance des navires et la mettre au rebut? Le
crime de quelques scélérats ne déprécie en rien
une institution très-morale, très-ingénieuse, et
qui protége une notable part de la richesse publique.

L'assurance contre l'incendie a prévenu des
milliers de crimes; elle en a peut-être provoqué
deux ou trois cents.

Il arrive rarement, mais enfin il arrive qu'un
propriétaire obéré, un négociant au-dessous de
ses affaires, liquide la situation en mettant le feu
chez lui. Comme il a pris le soin d'assurer à bon
prix son immeuble et son mobilier, il espère toucher, dans les bureaux d'une innocente Compagnie, un capital bien net, et sortir ainsi d'embar-
ras. Ce crime est facile à commettre : la nuit,
loin de tous les yeux, les portes closes, dans le
sanctuaire inviolable de la vie privée, on appro-
che une bougie d'un rideau, et le tour est fait.
Comment les magistrats convaincront-ils un coupable que personne n'a vu? comment? Par l'intérêt qu'il avait à commettre le crime, s'il est
bien démontré que la maison était assurée pour

une somme trop forte; si le propriétaire, avant
de faire'son coup, a mis en sûreté une partie de
ses valeurs ; s'il a ménagé le salut de sa famille
et le sien par quelque porte de derrière, il est aux
trois quarts pris; une simple poussée du juge
d'instruction le jettera dans la voie des aveux.
L'assurance contre l'incendie a-t-elle donné naissance à cette baraterie terrestre? Oui, mais elle
fournit elle-même le remède à côté du mal. Un
seul coup d'œil jeté sur la police d'assurance
montre si le propriétaire avait intérêt à s'incen-
dier lui-même.

Et quand même cette assurance aurait provoqué un certain nombre de crimes impunis, qui
peut dire combien elle en a prévenu? Il n'y a pas
si longtemps que l'incendie était une arme em-
ployée couramment dans les vengeances privées.
On haïssait un homme, on le ruinait pour un sou :
un paquet d'allumettes faisait l'affaire. Aujour-
d'hui que toutes les maisons, ou peu s'en faut,
sont protégées par la plaque d'assurance, nul
n'est plus assez bête pour brûler son ennemi. On
sait qu'on ne nuirait qu'à une Compagnie, personne inconnue, inoffensive, utile à tous : on sait

que l'incendié, victime heureuse, en serait quitte
pour échanger sa vieille maison contre une
neuve, son vieux meuble contre un neuf; et l'on
n'est pas encore assez chrétien, dans notre doux
pays, pour renouveler, au péril de la vie, le mobilier d'un ennemi mortel.

Tous nos contemporains ont lu l'histoire d'un
médecin anglais, nommé Palmer, qui contractait
des assurances sur la vie de ses amis et les em-
poisonnait ensuite par la strychnine. L'assassinat
de madame de Paw, par le docteur La Pommerais, accompli de nos jours et presque sous
nos yeux, a prouvé tristement qu'en France
comme en Angleterre l'assurance sur la vie peut
être un instrument du crime. La Pommerais assure un demi-million sur la tête de sa maîtresse,
puis il la tue, fixant lui-même une échéance que
la fatalité seule avait le droit de marquer.

Il est certain que madame de Paw vivrait encore si le génie humain n'avait pas inventé les assurances sur la vie.

Mais l'assurance est-elle responsable de ce lâche
assassinat? Pas plus que la vapeur ne doit être
accusée du meurtre de M. Briggs ou de M. Poin-

sot. Il n'y a pas de bien sur la terre que la per-
versité de l'individu ne puisse tourner en mal. La
propriété a engendré le vol et même l'assassinat ;
l'écriture produit le faux ; la navigation amène la
piraterie ; l'hérédité, cette institution respectable
et sainte, a fait commettre des parricides. Chaque
progrès de la civilisation fournit des instruments
à l'homme de bien et des armes au scélérat. Si
l'on avait renoncé à l'emploi des monnaies le
jour où l'on a pris un faux-monnayeur, si tous les
commerçants avaient fermé boutique après la
première banqueroute, je comprendrais que l'assurance fût discréditée par le crime de La Pommerais.

Mais qu'est-il arrivé? L'assurance, qui était l'espoir de l'assassin, est devenue sa condamnation.
Ce n'est ni la sagacité des juges, ni le savoir des
médecins et des chimistes qui a livré ce misérable
au bourreau, c'est la police d'assurance. J'ai suivi
les débats avec la plus scrupuleuse attention ; je
reste persuadé que les preuves matérielles étaient
insuffisantes, et que l'empoisonnement par la digitaline n'a pas été démontré. Mais on a démontré
que ce La Pommerais s'était mis dans la néces-

sité de tuer madame de Paw avant deux ans, ou
de mourir de faim. L'évidence de la spéculation
a entraîné celle du crime.

Après un tel événement, si quelque juriscon-
sulte à courte vue osait dire que l'assurance sur
la vie est un encouragement au meurtre, on lui
répondrait avec une certaine autorité : « Non-
seulement une existence assurée est protégée par
la loi, comme toutes les autres, mais elle acquiert
la protection spéciale d'un corps riche, intelligent, directement intéressé à ce que l'échéance
fatale ne soit pas hâtée par un crime. Le meurtrier qui tue Pierre, Paul ou François, pour lui
prendre sa bourse, a contre lui les parents de la
victime, plus la police, la gendarmerie, la justice
et tous les instruments de la loi. Celui qui tue
madame de Paw, après avoir assuré un demi-
million sur sa tête, doit prévoir non-seulement
les recherches de la famille et les investigations
de la justice, mais l'examen sévère et intéressé
de toutes les Compagnies qui ont le demi-million
à débourser. Donc l'assurance sur la vie devient
par-dessus le marché une assurance de la vie. Le
jour où vous versez une prime de 2,500 fr. pour

en léguer 100,000 à votre ami, vous achetez pour
rien la protection de dix ou douze messieurs considérables qui traduiront votre ami en Cour d'as-
sises, si vous mourez de male mort. Un simple
testament ne vous offrirait pas les mêmes garanties.

Cette vérité est si évidente que l'affaire La
Pommerais n'a pas diminué, mais accru la clientèle des Compagnies, malgré la diatribe de M. Dupin. Il est facile de bombarder une admirable
institution à coups de généralités paradoxales ;
on ne persuadera jamais à un père de famille
qu'en épargnant sur son revenu pour assurer un
capital à ses enfants, il met sa tête à prix. S'il
avait si peu d'estime pour son propre sang, s'il
craignait, en se dévouant, de s'exposer au par-
ricide, il ferait beaucoup mieux de déshériter ses
fils en achetant des rentes viagères.

Mais, grâce au ciel, la famille existe ; ce n'est
pas un vain nom. La noblesse des sentiments, qui
est en raison directe de l'éducation, grandit de
jour en jour dans la bourgeoisie et dans les classes
laborieuses ; l'homme qui est assez prévoyant
pour assurer l'avenir de ses héritiers a commencé

8

sans doute par s'assurer leur tendresse et leur
dévouement; il sait qu'on mettra tout en œuvre
pour reculer son dernier jour, et qu'on craindra
sa mort comme un malheur au lieu de la désirer
comme une échéance.

— Il me reste à vous parler d'un danger moins
terrible que celui auquel madame de Paw s'est
exposée par sa faute, avec beaucoup d'impru-
dence et un peu de mauvaise foi. Ce n'est plus
une question de vie et de mort; la chose a pourtant une énorme importance.

L'assurance assure-t-elle réellement ce qu'elle
nous promet? Quand je retranche sur mes revenus pour racheter ma maison de l'incendie, mes
marchandises du naufrage, mes récoltes de la
grêle, ou moi-même (en tant que capital) de la
mort, puis-je compter fermement que l'assureur
tiendra sa parole et payera ce qu'il doit? Le
voudra-t-il? le pourra-t-il?

On peut répondre, en général, que toutes les
Compagnies florissantes veulent payer ce qu'elles
doivent. J'ajoute qu'elles sont intéressées à régler
vite et bien, car la promptitude et la loyauté des
payements développent leur crédit et leur clien-

tèle. Il arrive pourtant que l'assureur et l'assuré ne s'accordent pas sur les chiffres. J'estime à 20,000 fr. le dégât causé par un incendie; la Compagnie prétend que la somme est exagérée de moitié. Si nous n'arrivons pas à nous entendre, je soumettrai l'affaire aux magistrats. L'impartialité des tribunaux français n'est pas suspecte; je crois pourtant que, dans un cas douteux, ils ne donneraient pas gain de cause aux Compagnies. Ces contestations, assez fréquentes en matière d'incendie, sont purement et simplement impossibles en matière de vie. L'assuré est mort ou vivant : s'il est vivant, la Compagnie ne doit rien à ses héritiers : s'il est mort, elle doit la somme exacte qu'il avait assurée; pas un centime de moins. Elle paye : à moins pourtant que la mort de l'assuré ne lui semble pas naturelle. Mais c'est une grosse affaire, et l'on y regarde à deux fois avant de dénoncer un homme comme assassin. Il faut de bonnes raisons, de sérieuses vraisemblances. Si l'on vous accusait d'avoir empoisonné votre père, au lieu de vous donner 100,000 fr. échus à sa mort, vous iriez porter plainte devant les honorables collègues de M. Dupin. Et la Compagnie aurait à payer, outre les 100,000 fr. qui vous sont dus, le prix fort élevé d'une dénonciation calomnieuse.

Mais vouloir et pouvoir sont deux. Toutes les Compagnies pourront-elles un jour satisfaire à tous leurs engagements?

Les grandes Compagnies d'assurances contre l'incendie, par l'énormité de leurs affaires et la division presque infinitésimale des risques, sont à couvert de tous les accidents. Un été désastreux peut réduire ou supprimer leurs bénéfices annuels; mais, pour en atteindre une dans son capital de garantie, il faudrait une persistance et même une clairvoyance étrange de la fatalité. On peut en dire autant des assurances maritimes.

L'assurance contre l'inondation, si elle était essayée, n'offrirait actuellement aucune sécurité. L'assurance contre la grêle n'est pas encore parfaitement solide : rien ne prouve que l'été prochain une tempête ne détruira pas les récoltes, les Compagnies, et jusqu'à la serrure du coffre-fort où le capital de garantie est déposé. L'assurance contre la mortalité du bétail est à la merci d'une épizootie. Je ne dis pas cela pour prouver au cultivateur qu'il a tort d'assurer ses bestiaux et ses récoltes ; il a cent fois raison ! J'indique seulement des nuances actuelles, provisoires, et qui disparaîtront bientôt, grâce au progrès de la solidarité. Un jour viendra que les risques les plus divers pourront être mis dans un sac et garantis, sans restriction, par la même Compagnie ; les difficultés qui paraissent encore insurmontables seront réduites à des questions de tarif.

Quant à l'assurance sur la vie, il est mathématiquement impossible qu'elle manque à ses engagements. Je vous ai expliqué comment le parallélisme et l'équilibre constant de ses opérations la protégent contre tous les dangers et lui permettent de braver le choléra en personne. Chaque Compagnie a, pour ainsi dire, un portefeuille à deux poches : les rentes viagères sont à droite, les assurances sur la vie sont à gauche ; on achète d'une main des capitaux, et de l'autre des revenus ; on a soin de maintenir la balance égale entre ces deux sortes d'affaires ; et si, par accident, une Compagnie avait acheté plus de revenus que de capitaux, elle s'empresserait de faire une réassurance pour la sécurité du client et la sienne.

8.

Jusqu'au moment où j'écris, les assurances sur la vie, qu'il ne faut pas confondre avec les tontines, ont toujours gagné, jamais perdu ; je crois qu'en aucun cas elles ne sauraient perdre, et qu'au lieu de prévoir leur ruine, il serait plus opportun de discuter leurs gains. Mais, dans l'hypothèse invraisemblable où quelque Compagnie perdrait de l'argent, la loi a tout prévu pour qu'elle en perdît seule, sans dommage pour l'assuré. Du jour où le capital de garantie, entamé par quelques coups désastreux, se trouverait réduit de moitié, la Compagnie serait dissoute de plein droit et son portefeuille repris par une autre plus riche et plus solide.

Mais si l'assurance en général, et surtout l'assurance sur la vie, est une opération sans danger, elle n'est pas sans défauts, et je vais le faire voir.

Voici la plainte, assez logique en apparence, que j'ai entendu formuler plus d'une fois par les propriétaires assurés contre l'incendie :

« J'estime ma maison 200,000 francs et mon mobilier 100,000. L'assureur, à qui j'ai déclaré ces chiffres, les a acceptés sans examen ; il les a pris pour base de la prime annuelle, qu'il fait

toucher régulièrement à mon domicile. Il ne m'a
jamais contesté le droit de payer comme un
homme qui a 300,000 francs à garantir du feu.
Mais si ma maison brûle et mon mobilier avec
elle, la Compagnie change de ton. Adieu la confiance qu'elle m'a témoignée, lorsqu'il ne s'agissait que de recevoir mon argent ! Elle me dit :
Prouvez que votre maison valait 200,000 francs
et votre mobilier 100,000. Vous l'avez déclaré,
c'est bel et bon, mais rien ne prouve que vous
n'avez pas menti. — Eh ! messieurs, ce n'est pas
aujourd'hui qu'il convient de faire les sceptiques.
Si vous ne m'estimez pas assez pour me croire
sur parole, il fallait le dire il y a quinze ou vingt
ans, quand j'ai payé ma première prime. M'avez-
vous assuré pour 300,000 francs ? Oui. C'est donc
300,000 francs que vous avez à me payer.

Voilà, si je ne me trompe, un petit plaidoyer
que mes lecteurs reconnaîtront, soit pour l'avoir
entendu, soit pour avoir plaidé la cause eux-
mêmes.

Je n'ai rien fait pour énerver la vigueur de
l'argument, car c'est pour le public que j'écris,
et je ne suis pas l'avocat des Compagnies.

Leur·défenseur le plus autorisé et le plus ancien, quoique jeune, M. de Courcy, a discuté ce
grief avec la bonne foi et la modération qui sont
les caractères distinctifs de son talent. Il ne nie
pas ce que chacun sait; mais il nous fait observer que l'expertise préalable pèserait lourdement
sur le prix de la police. Il existe un grand nombre de maisons dans nos villages, et même dans
nos villes, qui valent 2 ou 3,000 francs tout
au plus. L'assurance, sur le pied de cinquante
centimes pour 1,000 francs, permet au petit propriétaire de se racheter de l'incendie moyennant
une trentaine de sous. Ajoutez, si bon vous semble,
un mobilier de 1,000 francs, vous aurez un total
de 4,000, assurable au prix moyen de 2 francs.
Les Compagnies encaissent cinq cents primes de
ce numéro, contre une de 1,000 francs par année.
L'expertise coûte cher ; si l'on voulait absolument la placer au début de l'assurance et l'imposer à tout le monde, les assurés les plus nombreux et les plus intéressants auraient à payer,
de ce chef, la valeur de dix ou quinze primes
annuelles.

Ajoutez qu'une seule expertise ne suffirait pas.

Si les immeubles ne changent guère dans une
année, le mobilier, autre matière assurable,
augmente ou diminue incessamment; les marchandises assurées, dans un magasin, entrent et
sortent à toute heure : on achète et l'on vend ;
aujourd'hui un stock énorme, demain un vide
absolu ; du 1er janvier au 31 décembre, le mouvement perpétuel. Si l'on admet l'expertise préalable, il faudra, pour bien faire, que l'assuré
demande les experts la veille de l'incendie. Mieux
vaudrait, en ce cas, demander les pompiers.

Voilà ce qu'on peut dire en faveur de l'expertise après coup. Elle a ce grand avantage, que
deux ou trois mille maisons en sont exemptes,
pour deux qui la subissent et qui la payent. Elle
ne pèse que sur l'incendié, et rentre, si j'ose le
dire, dans les frais généraux du sinistre. J'avoue
qu'il est pénible d'avoir à batailler pour la réparation d'un malheur qu'on avait racheté d'avance.
Mais ignorez-vous donc que tout est bataille dans
la vie, et que pour conserver, comme pour acquérir, on se démène toujours un peu !

Il n'est pas moins vrai que cette condition est
un défaut de l'assurance contre l'incendie, et

même, j'en ai peur, un défaut incorrigible.
On le sait, on s'en plaint, et pourtant on croirait être fou si l'on négligeait d'assurer tout ce
qu'on a.

L'assurance sur la vie a ses défauts aussi, un
surtout que je vous ai déjà vaguement indiqué,
mais sur lequel il est bon que j'insiste. Tandis
que les assurances contre l'incendie sont arrivées
aux dernières limites du bon marché, l'assurance
sur la vie coûte encore très-cher.

Les Compagnies dressent tous leurs calculs de
façon à ne jamais perdre. Elles ont bien raison,
et cette sollicitude pour leurs propres intérêts.
est tant soit peu la garantie des nôtres. Mais sur
un terrain neuf, mouvant et peu étudié, les Compagnies ayant pris toutes leurs mesures pour ne
se tromper jamais qu'à leur avantage, ont fini par
trop gagner.

Oui, elles gagnent trop, elles le savent bien,
et même elles l'avouent à leurs victimes, et
même... chose incroyable! elles leur restituent
ce qu'elles ont pris de trop!

Tous les trois ans; en moyenne, chaque Compagnie, après avoir fait son inventaire et son exa-.

men de conscience, rassemble ses assurés et leur dit :

« *Meâ culpâ*, messieurs ! De peur de ruiner mes actionnaires, et vous aussi, j'ai pris sur moi de vous écorcher un peu. Tous les calculs de probabilité qui déterminent nos tarifs sont fondés sur la vie moyenne ; la vie moyenne est déterminée par la statistique : la statistique est jeune ; c'est moins une science qu'un tâtonnement raisonné.

» Si par malheur nous nous étions exagéré la longévité de l'homme, qu'arriverait-il ? Mes tarifs seraient trop faibles en proportion des sommes assurées ; les capitaux que je m'engage à payer dépasseraient les revenus que vous déposez entre mes mains ; je verserais une somme trop forte au décès de mes cinquante premiers clients, et il ne resterait plus rien pour les autres. Vous êtes tous intéressés à ce que je ne tombe jamais dans une pareille erreur. Ne trouvez donc pas mauvais que j'établisse mes calculs sur une longévité inférieure à la vie probable, et que je vous vende les capitaux un peu trop cher. Les Compagnies anglaises ont encore des tarifs plus élevés que les nôtres ; je confesse pourtant que les nô-

tres sont chers. Voici les bénéfices que j'ai réa-
lisés; je n'en fais pas mystère ; ils sont considérables. Nous les diviserons en deux parts, si vous
le voulez bien. L'une sera pour vous; c'est une
restitution, ou pour mieux dire une compensa-
tion qui balance ce que mes tarifs pouvaient
avoir d'exagéré. L'autre sera répartie entre mes
actionnaires, de braves gens comme vous, qui
ont risqué leur fortune en garantie de mes opérations. Si je m'étais trompé à mon détriment,
c'est l'actionnaire qui aurait payé ma faute. Ce
mécanisme savant et compliqué, grâce auquel
vous assurez la fortune de vos enfants, c'est l'actionnaire qui l'a construit à ses frais : il en a
fourni les matériaux, il en a subi les charges :
ne trouvez-vous pas juste qu'il en partage les
profits ? »

  Ce discours, que je rédige à ma façon, n'est pas
une lettre morte. Si je ne m'étais pas interdit toute
personnalité, je pourrais vous citer une Compagnie française qui a distribué cette année 700,000
francs à ses assurés ; une autre qui leur en a
donné, ou plutôt rendu 900,000 ! Une de ces
Compagnies a donné à ses vieux assurés *quatre*

primes contre deux, si bien que d'une main ils versaient 5,000 francs par exemple, et de l'autre ils en prenaient 10,000. Ce fait mérite un commentaire : je l'explique.

Le jeune homme de trente ans, qui paye un revenu annuel de 2,500 francs pour assurer à son fils un capital de 100,000, peut mourir entre sa première et sa deuxième prime, c'est-à-dire à trente et un ans. Dans ce cas, il fait une bonne affaire, commercialement parlant, quoique ni vous ni moi ne soyons disposés à envier son sort. Il réalise, au profit de son héritier, un bénéfice net de 97,500 francs. Ces 97,500 francs sont perdus par la Compagnie. Il faudra qu'elle les rattrape sur un ou plusieurs assurés; il faudra donc que d'autres, moins heureux en affaires, et cependant beaucoup plus enviables que lui, payent une longue série d'annuités de 2,500 francs, et continuent à verser ce revenu, lorsque depuis longtemps leurs versements et les intérêts qu'ils produisent auront dépassé le total de 100,000 fr. assurés.

Mais l'assuré, béni des dieux, qui est assez heureux pour payer cinquante primes consécutives;

celui qui, depuis l'âge de trente ans jusqu'à l'âge
de quatre-vingts, donne au caissier de la Compagnie ses 2,500 francs annuels, celui-là est en
droit de penser que les fameux 100,000 francs
lui coûtent beaucoup trop cher. Et, tout en bénis-
sant la Providence qui lui donne de si longs
jours, il finirait, je le crains, par maudire un peu
l'assurance. Mais l'assurance est trop équitable
pour ne point partager ses bénéfices avec lui.

Du jour où vous avez commencé à verser entre
ses mains, par fractions successives, le capital
qu'elle promet à vos héritiers, elle reçoit vos
primes comme un banquier recevrait un place-
ment. Elle les fait valoir à votre profit, sans oublier le légitime intérêt de ses actionnaires ; elle
vous associe au gain que vous lui procurez, et
chaque nouveau versement, chaque année ajou-
tée à votre vie, rend votre condition meilleure au
lieu de la rendre pire. Vous êtes libre ou d'en-
caisser votre part de bénéfice, ou de le capitaliser
au profit de vos enfants. Prenez l'un ou l'autre
parti, à votre choix.

Dans le premier cas, votre prime annuelle de
2,500 francs va décroissant jusqu'à zéro, puis, au

lieu de payer, vous touchez une rente viagère qui s'élève par degrés jusqu'à 2,500 francs. La Compagnie, au lieu de vous demander 2,500 francs par an, vous les donne, et elle ne tient pas moins un capital de 100,000 francs à la disposition de vos héritiers.

Dans le second cas, vos bénéfices, ajoutés chaque année à la somme de 100,000 francs, peuvent la porter à 200,000, et la vue de ce beau chiffre toujours croissant vous console de vieillir.

IX

LE CRÉDIT PAR L'ASSURANCE

Ce n'est point par sa propre vertu qu'un contrat d'assurance daté de six mois ou d'un an, peut garantir une somme prêtée. Supposez qu'un jeune homme oisif, inutile, égal à zéro, comme il s'en rencontre des centaines sur le pavé de Paris, s'amuse à contracter une assurance de 100,000 francs. Le premier versement fait, une somme de 2,500 francs payée entre les mains de telle ou telle compagnie, il ne s'ensuivra nullement que l'assuré puisse emprunter 50,000, ni même 25,000, ni même 2,500 sur le titre qu'il a dans son portefeuille. Le prêteur lui dirait avec juste raison : Le contrat que vous me présentez n'a

d'autre emploi que d'assurer contre la mort tout
ou partie du capital utile contenu dans votre personne. S'il m'était moralement démontré que
vous valez 200,000 francs, c'est-à-dire que vous
avez un talent qui rapporte 10,000 francs par an ;
que vous êtes assez laborieux pour tirer con-
stamment parti de vous-même, que vous êtes
assez économe pour épargner tous les ans un
quart de votre revenu, je vous prêterai volontiers,
100,000 francs, hypothéqués sur vous-même.
C'est une chose qui se voit tous les jours, et qu'on
verrait plus souvent encore, n'était le danger de
mort subite qui peut mettre à néant le seul gage
donné au prêteur. L'assurance sur la vie a pour
effet de racheter ce malheureux risque. Je prête
100,000 francs au taux de 5 % à une personne
intelligente, active et honnête, comme l'on prê-
terait sur une maison du boulevard Montmartre.
Mais de même que le créancier hypothécaire peut
exiger que son gage soit assuré contre l'incendie,
je demande que mon gage vivant soit assuré
contre la mort. C'est 2 1/2 % que l'emprunteur devra payer, outre les cinq qu'il me donne ;
mais cette sorte de garantie profitera vraisembl

blement à ses héritiers plus qu'à moi. Les
100,000 francs de capital qu'il a créés en dehors
de ses affaires n'entreront dans ma caisse que
s'il meurt par accident, avant de m'avoir remboursé. Si, comme nous l'espérons tous les deux,
il arrive à me désintéresser de son vivant, la police qu'il m'avait transférée retourne directement
à ses héritiers naturels. Cette combinaison très-
simple et très-équitable, se vulgarisera chez nous,
grâce au développement des assurances sur la
vie, et l'on verra dans quelques années le crédit
chirographaire, garanti par l'assurance, remplacer, dans une multitude de cas, le crédit hypothécaire. Mais un homme, assuré ou non, ne
pourra jamais emprunter sur sa signature que si
la main qui signe est bonne à quelque chose. Le
petit monsieur qui ne produit pas cinq centimes
par an ne vaut pas vingt sous de capital. Qu'il
assure sa peau pour 100,000 francs ou même
pour un million, si bon lui semble, son contrat
est un titre mort, sur lequel un homme sensé ne
prêtera pas 10 francs. Car rien ne prouve que
l'an prochain, et tous les ans jusqu'à la fin de sa
vie, il payera les primes ou les revenus que la

Compagnie transforme en capital. Tout ce qu'il peut, dans son intérêt, c'est verser une prime unique contre laquelle il recevra plus tard uu capital déterminé. Autant de pris sur l'ennemi, c'est-à-dire sur sa propre sottise.

Je ne sais si ce petit discours explique assez le développement du crédit par l'assurance. L'assurance ne le crée pas, mais elle le développe ; elle écarte un des principaux obstacles qui l'arrêtaient autrefois. Il n'y a pas de capitaliste qui, au moment de signer une bonne affaire et une bonne action, n'ait été retenu par l'objection de la mort subite.

On se trouve en présence d'un homme à la fois honorable et capable ; on sait qu'on le rendrait riche et qu'on s'enrichirait soi-même en lui prêtant un instrument de travail ; oui, mais il peut mourir, et son entreprise avec lui, et, le cas échéant, il serait malaisé de reprendre le capital éparpillé dans un commerce et une industrie qui croule : autant chercher l'or et l'argent fondus dans les cendres d'un incendie ! L'assurance lève cette difficulté : elle permet au créancier de retrouver son capital entier, non pas dispersé dans les ruines d'une entreprise, mais reconstitué en bloc dans la caisse d'une Compagnie.

L'assurance, dans les pays où l'homme sait en tirer parti, est un agent matrimonial plus puissant que M. de Foy et consorts. Un riche Anglais n'hésite pas à marier sa fille avec un jeune homme intelligent et pauvre. Si le futur offre toutes les garanties de conduite et de capacité, un père lui confiera non-seulement sa fille, mais encore (dussé-je scandaliser quelques millions de papas français) son argent. Vous savez cependant que les pères de famille, s'ils marient quelquefois leurs filles à la légère, font beaucoup de façons pour lâcher leurs écus. En Angleterre, si le jeune homme inspire une entière confiance, on lui dit : « Notre fille est à vous, tâchez de la rendre heureuse; cette dot est à vous, tâchez d'en tirer vingt-cinq pour cent. — Mais, diront les pères français, il va donc fourrer la dot dans les affaires? — Sans doute! — Et s'il la mange? — On est sûr qu'il se conduira bien, sinon lui donnerait-on la fille? — Et s'il fait de fausses spéculations? — On est sûr qu'il n'est ni sot ni fou, puisqu'on lui donne la fille. — Mais s'il meurt avant d'avoir fait for-

tune? On a pris soin de lui faire contracter une
assurance égale à la dot, au profit de sa femme
et de ses héritiers.

Mais ces vertus de l'assurance, quoiqu'elles
brillent d'un certain éclat, n'effacent pas tous ses
défauts : j'y reviens.

Nous avons dit qu'elle coûtait trop cher ; j'ai
observé qu'elle restituait aux assurés l'excédant
de ses bénéfices. Ai-je ajouté que dans le commerce de l'argent, comme dans tous les autres,
la cherté avait un remède tout trouvé. Et lequel ?
Mais la concurrence. Les Compagnies françaises
n'exercent pas un monopole, comme la Banque.
Elles sont dix, qui s'arrachent poliment, mais
activement, les affaires. Rien ne prouve que
l'année prochaine elle ne seront pas douze, ou
quinze, ou vingt. Si elles se coalisaient pour
maintenir des tarifs trop élevés, il s'en fonderait
de nouvelles qui vendraient les revenus et les
capitaux aux rabais. L'affaire est bonne, et les
millions disponibles ne manquent pas chez nous.
Supposons une chose impossible : que toutes nos
Compagnies présentes et futures, par une obsti-
nation vraiment folle, s'obstinent à nous vendre

leur argent trop cher. Il y a, de l'autre côté du
détroit, deux cents Compagnies florissantes, qu'aucune loi, aucun traité n'empêche de fonder des
succursales à Paris. Elles l'ont déjà fait, et non-
seulement à Paris, mais dans les principales villes
de France.

Mais en Angleterre, en France, et dans tous les
pays habités, l'assurance sur la vie est entachée
d'un défaut incurable : elle est triste.

Vous ne lirez jamais les excellentes publica-
tions de M. de Courcy et de M. Reboul sans vous
écrier à chaque page : « Mais, dans tout ceci, on
ne parle que de ma mort ! » Le mot profond que
nous avons tous applaudi dans les *Faux Bons-
hommes* s'applique plus durement encore au contrat d'assurance qu'au contrat de mariage. Je le
sais, j'en conviens; mais qu'y faire ?

On a déjà perfectionné l'assurance sur la vie
par l'invention des assurances mixtes. Le travailleur désintéressé qui épargnait tous les ans
pour sa veuve et ses orphelins, faisait de temps à
autre un retour sur lui-même. « Je forme un capital disait-il, et je n'en jouirai jamais, pas même
sur mes vieux jours, lorsque je ne serai plus en

état de gagner ma vie! Ne conviendrait-il pas de
m'y faire participer un peu? Car enfin il est dur
de mourir pauvre avec un trésor qu'on a créé soi-
même. »

Pour cette catégorie de mécontents, on a créé
l'assurance mixte. J'achète sur mes économies
un capital de 100,000 francs, payable à mes
héritiers dès demain, si je quitte la vie. Mais dans
vingt ans d'ici, si je suis encore de ce monde, c'est
moi qui toucherai la somme, et qui, pour ainsi
dire, hériterai de moi-même. Je pourrai prendre
ma retraite et jouir quelque temps du fruit de ma
sagesse, avant de le transmettre à mes fils.

Cette combinaison à cela d'agréable qu'elle
assaisonne le dévouement d'une pointe d'intérêt
personnel. Elle permet à l'homme de s'immoler
à l'avenir de ses enfants, sans se traiter lui-même
de Turc à More.

Mais la pure assurance sur la vie, celle qui
grève le présent de mille petits sacrifices au
profit d'un avenir qui n'est pas fait pour nous!
A dire vrai, cet acte de désintéressement n'est
pas plus héroïque, et il est plus logique que certains autres fort usités. Les chrétiens du moyen

âge se ruinaient en achats d'indulgences ; ils se privaient de tout pour procurer des douceurs assez problématiques à leurs ascendants décédés. On voit encore aujourdhui des personnes pieuses retrancher un plat de leur dîner pour offrir une messe à quelque âme en peine.

Il n'est pas plus difficile, et il est plus certain, d'assurer le bien-être de ceux qui nous survivront.

Ou l'âme est immortelle, ou cette lumière qui qui brille en nous doit s'éteindre par la mort. Dans la première hypothèse, l'assuré jouira, au moins par la vue, du bonheur qu'il a laissé après lui. Dans la seconde, il se console en pensant qu'il ne mourra pas tout entier : sa bonne œuvre survit, et prolonge de quelque temps son existence utile.

J'ai remarqué que l'assurance attirait surtout les hommes calmes, froidement bons, dévoués par raison plutôt que par coup de tête, assez sages pour envisager sans trouble la plus pénible nécessité de la vie. Elle nous est arrivée d'Angleterre ; elle réussit surtout dans nos villes laborieuses, peuplées d'hommes sans passions, régu-

liers, tranquillement actifs. Strasbourg paye plus
d'un million par an sous forme de primes.

Là pourtant, comme partout, les femmes les
meilleures et les plus intelligentes font une guerre
aveugle à l'assurance. Elle ne veulent pas qu'on
pense à leur avenir; leur sensibilité se révolte
contre la prévoyance des bons maris et des bons
pères. J'en ai entendu une, aussi bonne que jolie,
qui s'écriait avec une indignation presque comi-
que : « Mais tu es donc un égoïste, puisque tu
veux mourir avant moi ? »

Non, madame, aucun homme ne veut mourir,
mais tout être raisonnable sait qu'il mourra tôt
ou tard. Votre mari doit vous précéder, suivant
l'ordre de la nature. Le jour où il vous a reçue
des mains de vos parents, il a pris l'engagement
de vous protéger et de vous aider toute la vie ;
non-seulement toute sa vie, mais toute la vôtre.

Chaque enfant qui naîtra de votre union est
aussi son protégé naturel ; il doit à vous, à ses fils,
à ses filles, cet instrument du travail, cette con-
solation du repos, cet indispensable élément de
la vie qu'on appelle le capital. Permettez-lui de
payer cette dette aussi sacrée pour le moins que

toutes les autres. Et quand même vous auriez
résolu de mourir comme la femme indienne sur
le bûcher de votre mari, songez que les enfants
sont faits pour survivre à leurs pères, et que le
père, au jour du grand voyage, ne saurait emporter un viatique plus doux que les bénédictions de
ses enfants.

FIN.

TABLE DES MATIÈRES

Imprimerie L. Toinon et Cᵉ, à Saint-Germain.

www.ingramcontent.com/pod-product-compliance
Lightning Source LLC
Chambersburg PA
CBHW071850200326
41519CB00016B/4315